Nigel Holmes

CRAZY COMPETITIONS

TASCHEN

Crazy Competitons

Die verrücktesten Wettbewerbe der Welt

Im Jahr 2001 gewann Takeru Kobayashi **Nathans Hotdog-Wettessen**. Er verschlang 50 Hotdogs in zwölf Minuten.*

Dieses Event und noch zwei weitere zündeten die Idee für dieses Buch. Bei einem rollt man in England große Käselaibe einen Hang hinab und rennt hinterher, und bei dem anderen bewirft man sich in Spanien gegenseitig mit toten Ratten. Ich war fasziniert. Zu welch verrückten Sachen sind wir eigentlich fähig? Könnte man damit ein Buch füllen? Kriegt man 100 davon zusammen? Ja, war ganz leicht!

Was erwartet Sie also in *Crazy Competitions*? Einfacher wäre vielleicht zu erklären, was nicht vorkommt:

Cricket ist (für all diejenigen, die sich damit nicht auskennen) ein schrecklich langsamer Sport (kann Stunden dauern), und es gibt extrem viele Punkte. **Boxen** erscheint Menschen mit gesundem Menschenverstand einfach nur brutal und gefährlich (schließlich geht es darum, den Gegner ganz bewusst durch Angriffe auf den Kopf bewusstlos zu schlagen). Und **American Football** (bei dem viele Spieler gravierende Hirnschäden davontragen) gehört für einige wirklich verboten oder die Regeln zumindest überarbeitet.

Warum sind solche Events nicht in diesem Buch vertreten? An Merkwürdigkeit reichen sie bestimmt an **Torfmoortauchen, Wurmbeschwören** oder die **Nacht der Radieschen** heran. Doch irgendwo musste die Grenze gezogen werden. Wenn Sport organisiert in Teams betrieben wird oder Profis ihren Sport zum Beruf machen, ist das eine ganz andere Nummer als die weitgehend amateurhaften, herrlichen und meist jährlich stattfindenden Kuriositäten dieses Buches. Also blieben Cricket und dergleichen außen vor.

Einige Events sind allerdings so schräg, dass kaum zu glauben ist, dass es sie tatsächlich gibt. (Testen Sie, wie leichtgläubig Sie sind: **Eine der 100 Veranstaltungen in diesem Buch ist frei erfunden.**)

Die Übersicht auf den nächsten Seiten liefert offizielle Weblinks mit weiteren Infos sowie Fotos, falls Sie meinen, dass meine Grafiken ihnen nicht gerecht werden. Da aus der Gruppe dieser 100 Events einige kaum mehr als skurrile Spendensammelaktionen sind, die nur durch den Einsatz einiger äußerst enthusiastischer Menshen überleben, kann es sein, dass manche in den kommenden Jahren nicht mehr stattfinden. Sollte Ihr Favorit in Zukunft nicht mehr durchgeführt werden, setzen Sie ihn einfach auf die Liste der historischen Kuriositäten, die zeigen, wie schräg wir mal drauf waren – und offenbar noch immer sind.

*Mit dieser erstaunlichen Höchstleistung verdoppelte Kobayashi den Rekord des Vorjahres. Die Menge der verzehrten Hotdogs nahm von da an schrittweise zu. 2017 lag der Weltrekord bei 72 Stück, die in nur zehn Minuten verschlungen wurden.

Amerika und die Karibik

*Die Weltmeisterschaft im Steinehüpfen wird auf Easdale Island in Schottland ausgetragen, siehe die Wettbewerbsnummer 19.

Europa

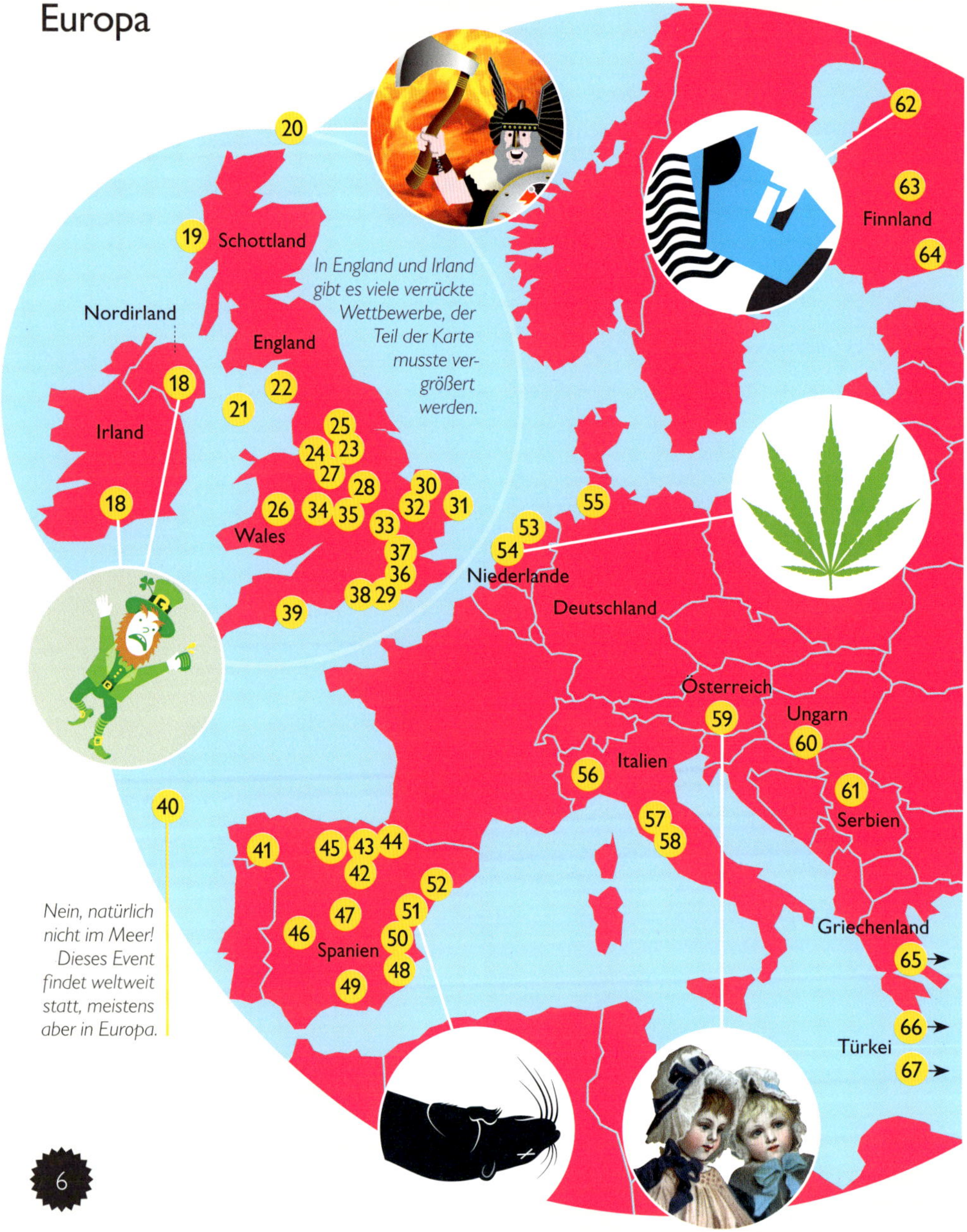

18 **Ból an Bhóthair**
Straßenkegeln in Irland und Nordirland, das ganze Jahr
www.irishroadbowling.ie
S. 50

19 **Weltmeisterschaft im Steinehüpfen**
Easdale Island, Schottland*, September
www.uphellyaa.org
S. 24

20 **Up Helly Aa**
Festival des Feuers in Lerwick, Shetlandinseln, Januar
S. 52

21 **Zinkwannenregatta**
Isle of Man, England, Juli
www.castletown.org.im/tinbaths
S. 54

22 **Gurning-Weltmeisterschaft**
Grimassenschneiden in Egremont, England, September
www.egremontcrabfair.com
S. 56

23 **Welly Wanging**
Gummistiefelweitwurf in Upperthong, England, Sommer
S. 58

24 **Wurmbeschwören**
Willaston, England, Juni
www.wormcharming.com
S. 60

25 **Kohleschleppen**
Gawthorpe, England, Ostern
www.gawthorpemaypole.org.uk
S. 62

26 **Bog Snorkeling**
Torfmoortauchen in Llanwrtyd Wells, Wales, August
S. 64

27 **Zehenwrestling**
Fenny Bentley, England, Juni
S. 66

*Der Weltrekord wurde in den USA aufgestellt, siehe Wettbewerbsnummer 7.

Afrika, Asien und Ozeanien

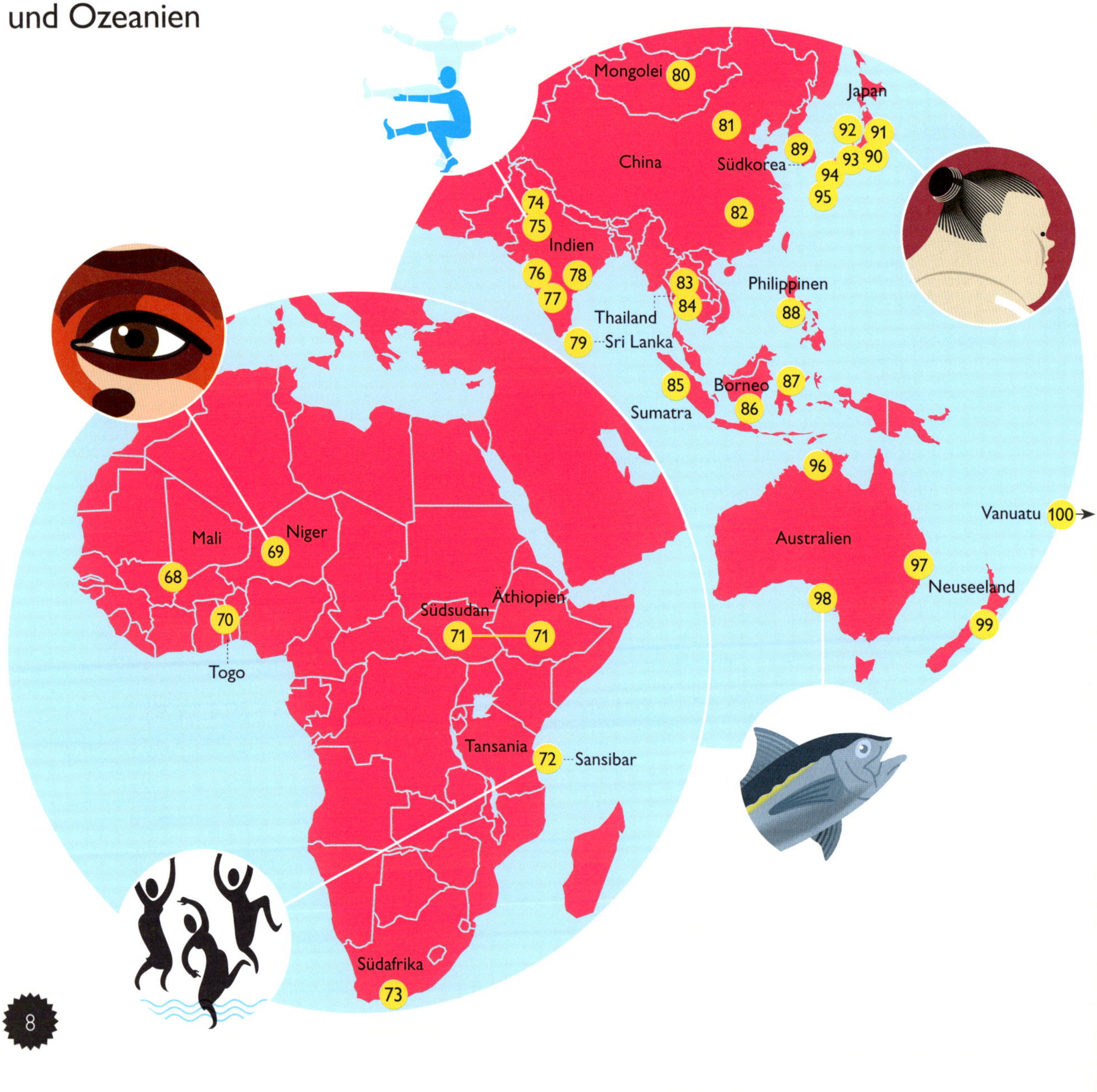

Amerika und die Karibik

Arctic Man
Skirennen

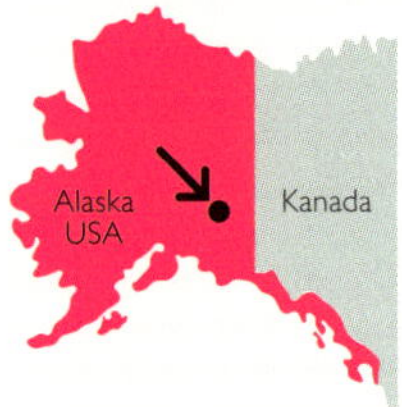

Hoodoo Mountains,
nahe Summit Lake, USA
April

Aus der Wette zweier Männer in einer Bar (wo auch sonst?) entstand 1985 dieses besondere Skirennen, ein mittlerweile jährlich stattfindendes Festival mit 13.000 Besuchern. Der „frostige Bruder des Burning Man*" gilt als „das verrückteste Skirennen der Welt". Zum Auftakt findet ein Umzug mit über 1.000 Schneemobilen statt, der es sogar ins Guinness-Buch der Rekorde geschafft hat.

*Kunstfestival im August in der Black-Rock-Wüste in Nevada

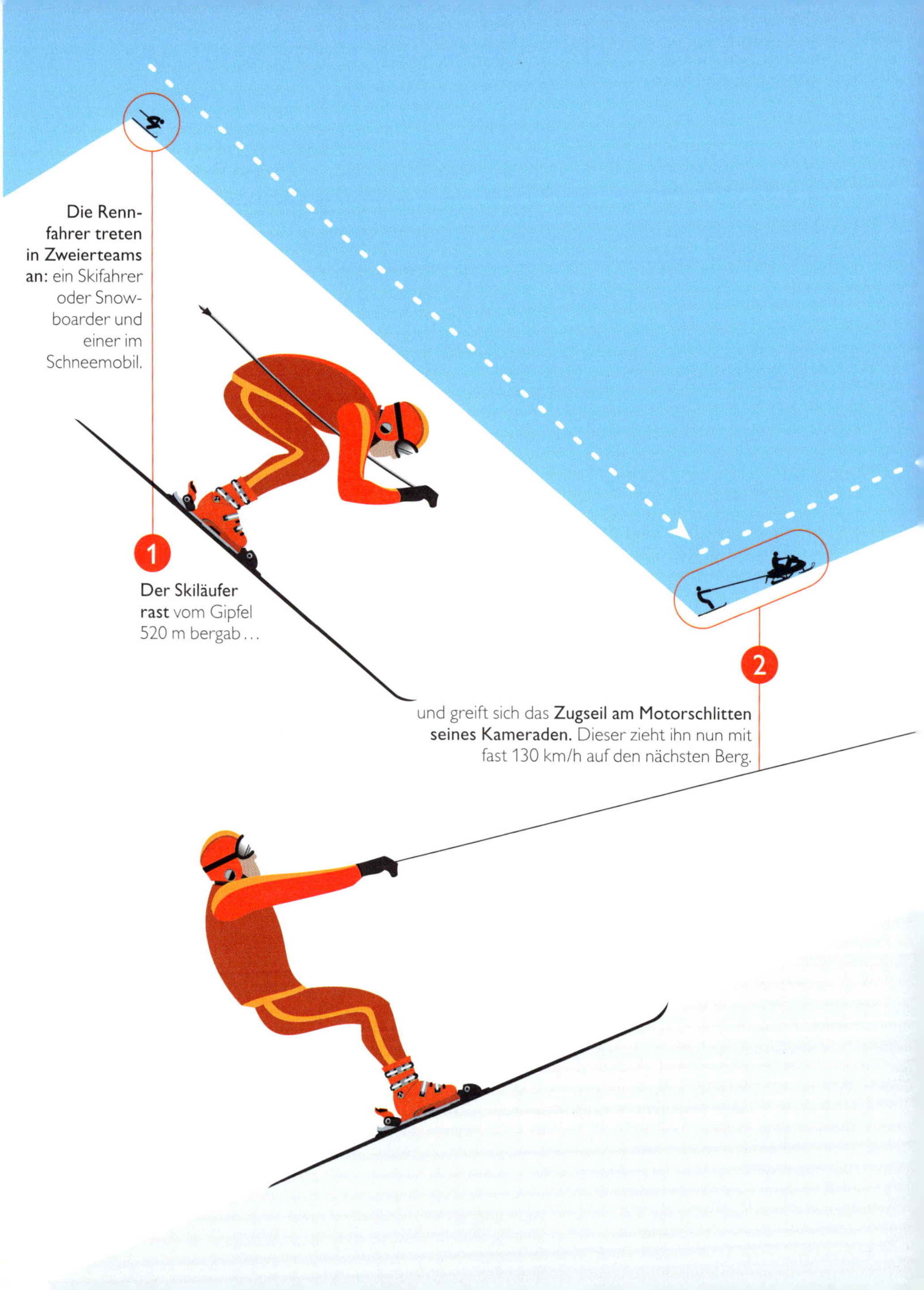

Beim Arctic Man können Sie nebenbei noch Rentier-am-Stiel kosten und die **Polarlichter** bewundern. In Alaska ist es sehr kalt, also werden Sie vermutlich auch eine Menge trinken.

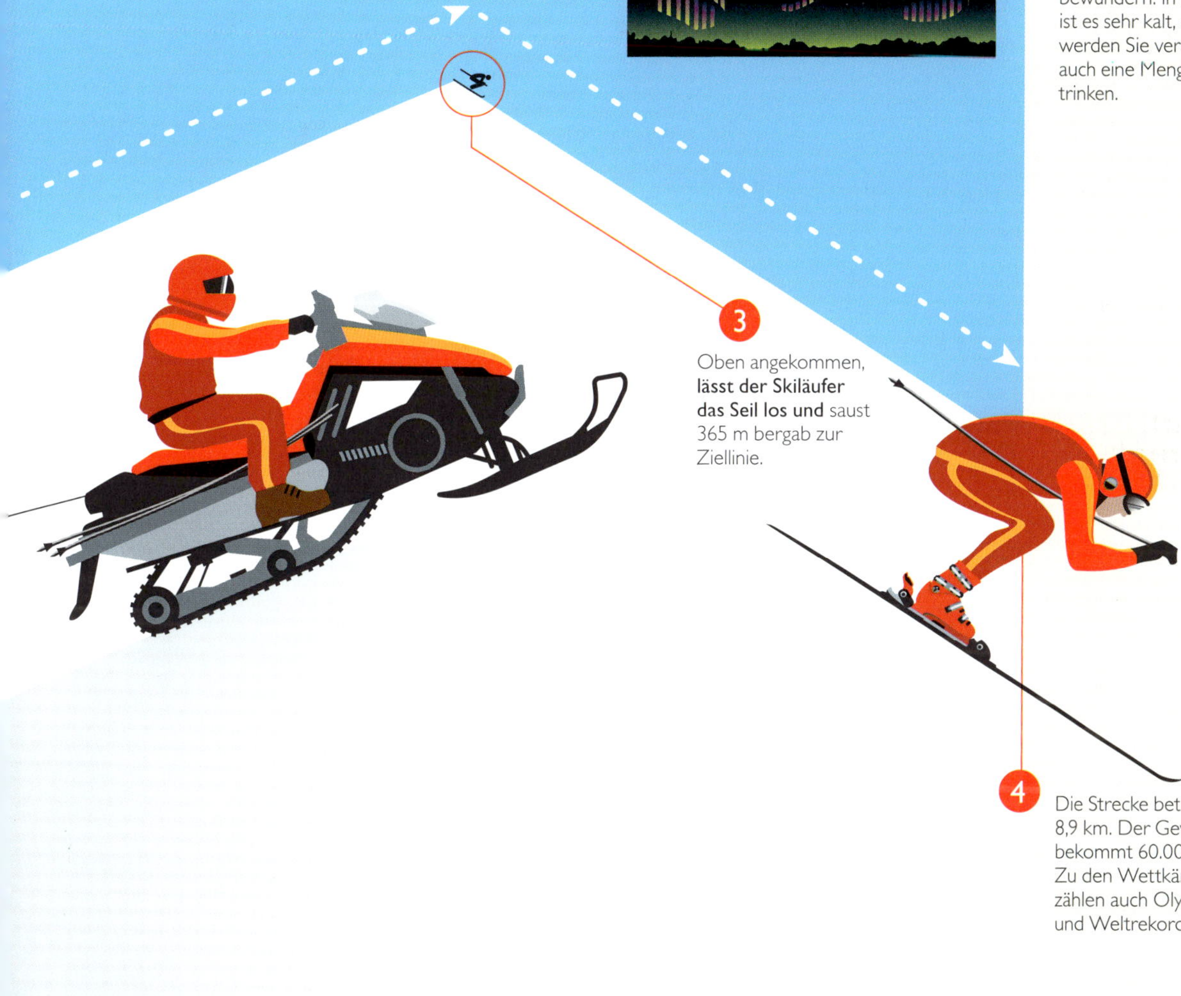

3

Oben angekommen, **lässt der Skiläufer das Seil los und** saust 365 m bergab zur Ziellinie.

4

Die Strecke beträgt 8,9 km. Der Gewinner bekommt 60.000 USD. Zu den Wettkämpfern zählen auch Olympiasieger und Weltrekordläufer.

Internationaler **Eisfrisuren-wettbewerb**

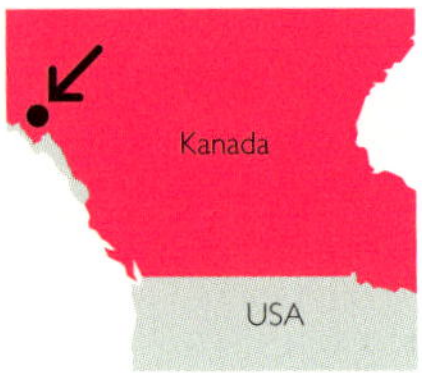

Whitehorse,
Kanada
Februar

Dieser Wettbewerb ist Teil des Yukon Sourdough Rendezvous Festival, das in Whitehorse bereits seit über 50 Jahren gefeiert wird. Verrückte Eisfrisuren wurden zum ersten Mal 2011 prämiert.

Haare einfrieren geht so:

1. **Baden** Sie in den etwa 40 °C heißen Quellen. **Tauchen Sie mit dem Kopf unter.**
2. **Stehen** Sie auf, und lassen Sie die Haare in der **Kälte** bei etwa -30 °C **gefrieren.**
3. Halten Sie möglichst die **Ohren** warm (gar nicht so einfach)!
4. Legen Sie Ihre Haare beim Einfrieren in **bizarre Formen.**

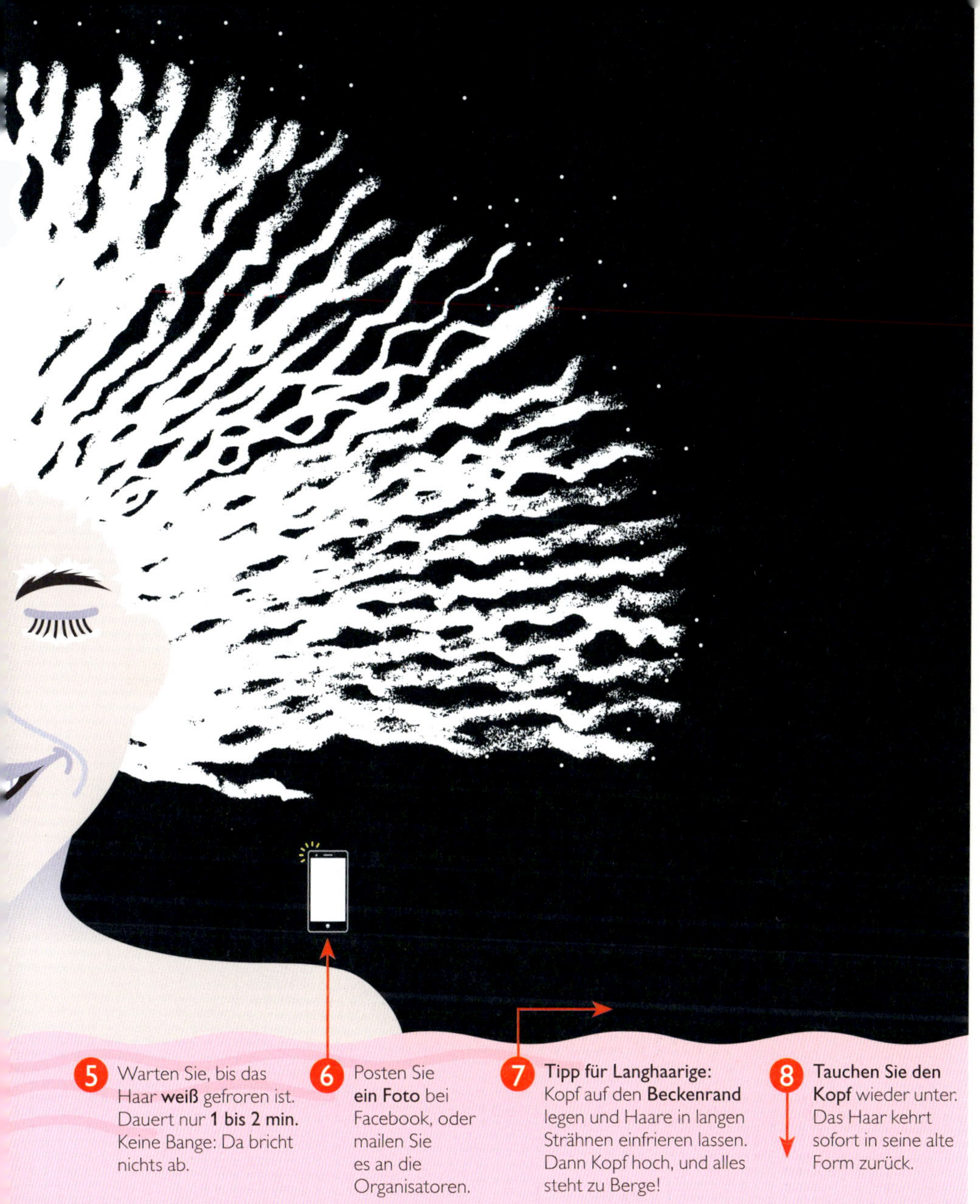

Der eigentliche Wettbewerb findet im Februar statt. Weil das Wetter aber wechselhaft ist, darf jedes Foto, das Sie zwischen Dezember und März in den Thermalquellen schießen, eingereicht werden.

Weitere Events beim Yukon Sourdough Rendezvous:

- Schneeskulpturenwettbewerb
- Pokerturnier im Texas Hold'em
- Geigenkonzerte
- Burlesque-Show
- **Nur für Männer:** Sourdough Sam Contest Lippensynchronsprechen, Dancefloor-Striptease und Krakauer-Wettessen – im Fummel!

5 Warten Sie, bis das Haar **weiß** gefroren ist. Dauert nur **1 bis 2 min.** Keine Bange: Da bricht nichts ab.

6 Posten Sie **ein Foto** bei Facebook, oder mailen Sie es an die Organisatoren.

7 **Tipp für Langhaarige:** Kopf auf den **Beckenrand** legen und Haare in langen Strähnen einfrieren lassen. Dann Kopf hoch, und alles steht zu Berge!

8 **Tauchen Sie den Kopf** wieder unter. Das Haar kehrt sofort in seine alte Form zurück.

9 Im März werden die **Gewinner** verkündet. Der Hauptpreis beträgt 750 CAD.

Kettensägen-Schnitzmeisterschaft in Chetwynd

Chetwynd, Kanada
Juni

Der viertägige Wettbewerb fand erstmalig 2005 statt. Zu den aktuellen Teilnehmern zählen „Schnitzer" aus Australien, Japan, Nigeria und Dänemark sowie aus Kanada und den USA.

Zwölf professionelle Holzschnitzer werden eingeladen.

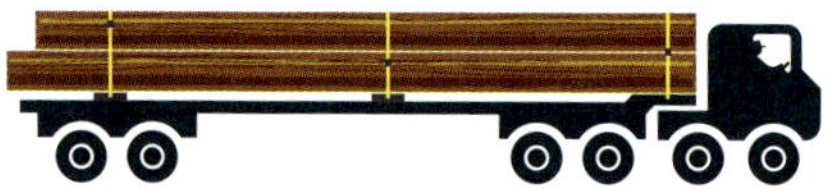

Zuerst werden die Holzblöcke **ausgelost**. Mit LKWs werden Stämme des Riesenlebensbaums von Campbell River auf der Insel Vancouver über ca. 880 km nach Chetwynd transportiert und dort in 12 etwa gleich große Stücke gesägt.

Ist einer mit dem ihm zugeteilten Klotz nicht einverstanden, darf er ihn mit einem bereitwilligen Mitstreiter tauschen.

Den Schnitzern bleibt bis zum Morgen des vierten Tages Zeit, an ihren Skulpturen zu arbeiten und das Holz in eine beliebige Gestalt zu bringen. Tiere sind sehr beliebt.

Chetwynd stellt 88 Holzstatuen aus den Vorjahren aus.
Aber da es mit 3.100 Einwohnern ein kleiner Ort ist, sorgt sich der Bürgermeister darum, ob die Instandhaltungskosten der Arbeiten dazu führen, dass neue Skulpturen in benachbarten Orten untergebracht werden müssen.

Der Husky Team World Cup im sächsischen Mulda ist ein weiterer Wettbewerb für Motorsägenschnitzer. Er findet jährlich im Mai statt.

Anders als in Chetwynd, wo Einzelkämpfer antreten, wird den sechs eingeladenen Teams beim Husky Cup ein Thema vorgegeben (z. B. eine mittelalterliche Jagd mit lebensgroßen Tier- und Menschenfiguren).

Neben Motorsägen aller Größen dürfen auch **andere Werkzeuge** wie Bohrer oder Schleifmaschinen eingesetzt werden. Einige der Künstler verlassen sich allerdings nur auf ihre Kettensäge.

Die Wettkämpfer müssen mit dem für sie ausgelosten (oder eingetauschten) Stamm arbeiten, dürfen das Holz aber zersägen und die Stücke neu zusammenstellen.

Einige schwärzen ihre Schnitzwerke stellenweise mit Schneidbrennern.

Wenn die Jury am vierten Tag alle Werke bewertet hat, gibt es noch einen Wettbewerb im Schnellschnitzen.

Pig-N-Ford-Rennen

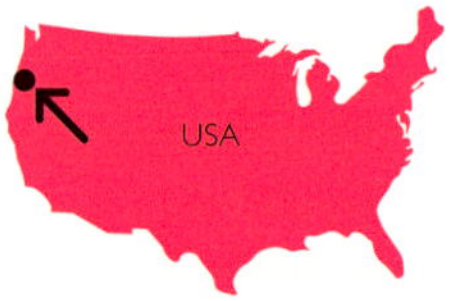

Tillamook, USA
August

Irgendwann Anfang der 1920er-Jahre hat irgendwer in einem Ford Modell T irgendwo in Oregon ein verwildertes Schwein beobachtet. Er fing das Schwein ein, und die Idee war geboren.

1925 fand auf dem Jahrmarkt von Tillamook das erste Autorennen mit Schwein statt. Die Begeisterung ist seitdem ungebrochen.

Um mitzumachen, müssen Sie Mitglied der Tillamook County Model T Pig-N-Ford Association sein. Wie die Wagen wird die Mitgliedschaft innerhalb der Familien vererbt. Nur gelegentlich ist die begehrte Mitgliedschaft frei verfügbar, und auch dann nur auf Einladung.

1. Pro Rennen treten **fünf Wagen** an. Die Teilnehmer fahren in die Mitte des Startfelds und schalten die Motoren ab.
2. Die Fahrer stellen sich am äußeren Rand der Strecke auf. **Beim Startschuss preschen sie über die Strecke …**
3. zum inneren Rand und ziehen aus einem Verschlag **das jeweils für sie bestimmte 9-kg-Schwein.**
4. Die Fahrer rennen zu den Wagen zurück, **starten die Motoren per Handkurbel,** springen mit dem quiekenden, zappelnden Schwein unter dem Arm auf den Sitz und **rasen los.**

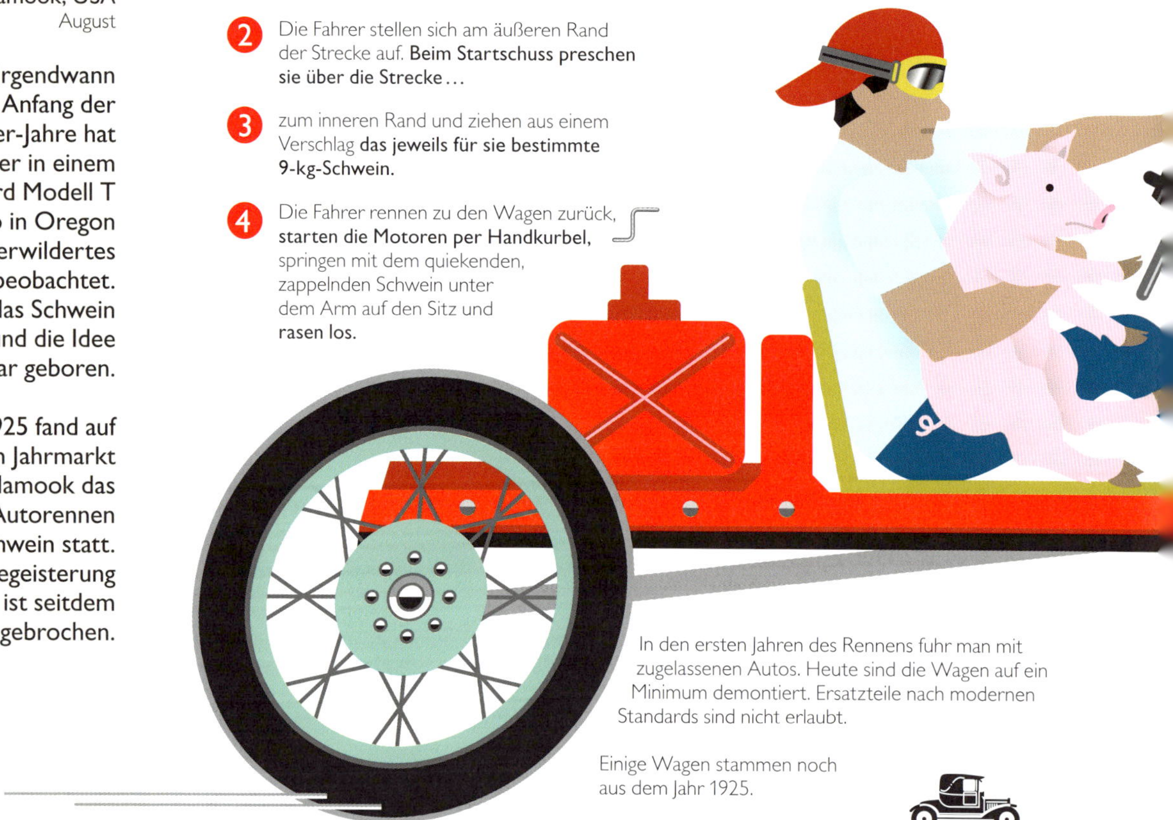

In den ersten Jahren des Rennens fuhr man mit zugelassenen Autos. Heute sind die Wagen auf ein Minimum demontiert. Ersatzteile nach modernen Standards sind nicht erlaubt.

Einige Wagen stammen noch aus dem Jahr 1925.

Am Donnerstag, Freitag und Samstag finden die **Vorläufe** statt. Deren Gewinner treten **am Samstag im World Championship Final an.**

Daneben findet man alle traditionellen Zutaten für ein amerikanisches Volksfest: Showeinlagen, Achterbahn, Riesenrad und Essen. Richtig viel Essen – darunter natürlich auch Schwein, sowohl frittiert als auch im Speckmantel.

5 **Nach der ersten Runde** auf der Strecke (der Averill-Arena-Pferderennbahn) müssen sie die Motoren stoppen, das Schwein in den Verschlag zurückbringen **und sich das nächste schnappen.**

6 Dann kurbeln die Fahrer den Motor wieder an, springen mit dem neuen Schwein ins Auto und düsen **die nächste Runde.**

7 Sie stoppen nach dieser Runde erneut, schalten den Motor aus, greifen sich das dritte Schwein, und weiter geht's mit Ankurbeln in **die dritte Runde.**

8 Das war's schon. Nach Überqueren der Ziellinie gewinnt der Fahrer, **der zuerst das dritte Schwein wieder in seinen Verschlag bringt.**

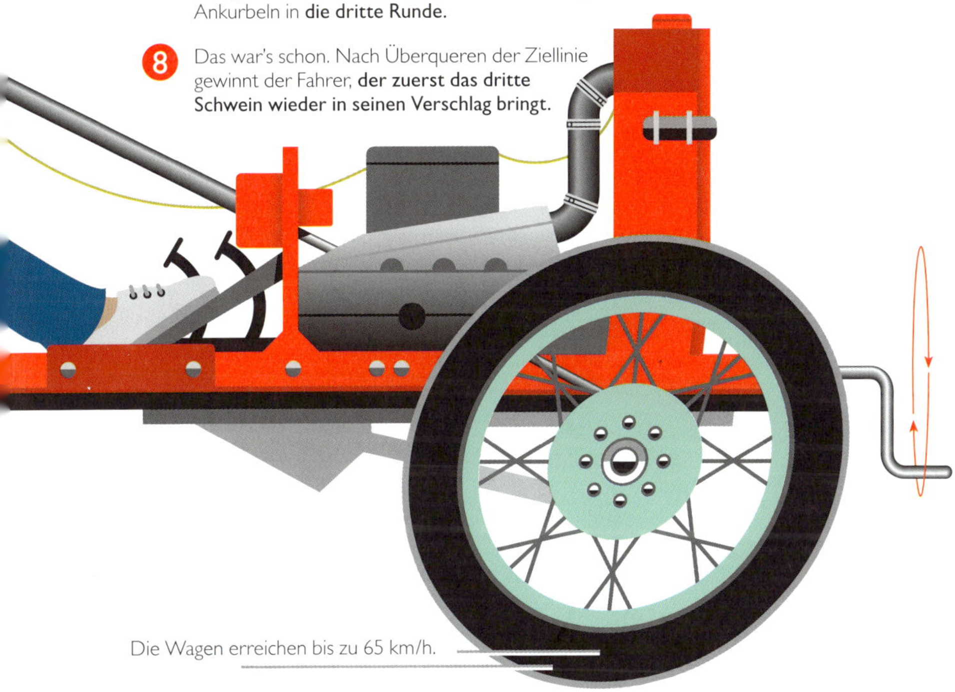

Die Wagen erreichen bis zu 65 km/h.

Air Sex

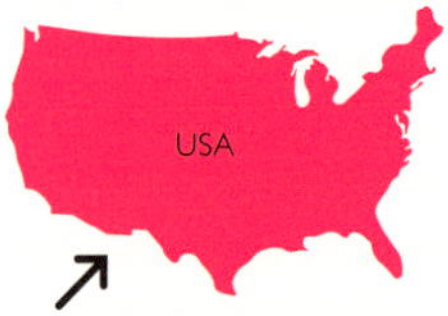

überall in den USA
das ganze Jahr

Vielleicht etwas gewagter als andere Wettbewerbe, aber ohne die Weltmeisterschaft im Air Sex wäre dieses Buch nur halb so lustig geworden. Das Event durfte einfach nicht fehlen! Es hat seine Anfänge 2006 in Japan. Seit 2009 finden ähnliche Shows in vielen Bars und Klubs der USA statt.

Jeder darf mitmachen, muss aber folgende Regeln beachten:

1. **Nacktheit** ist verboten.
2. Es muss eine **imaginäre Person oder ein Objekt** beteiligt sein.
3. **Orgasmen müssen simuliert sein.** („Wenn du auf die Bühne kommst, kommst du nicht auf der Bühne.“)
4. Die Teilnehmer haben für ihre Darbietung **2 min** Zeit.

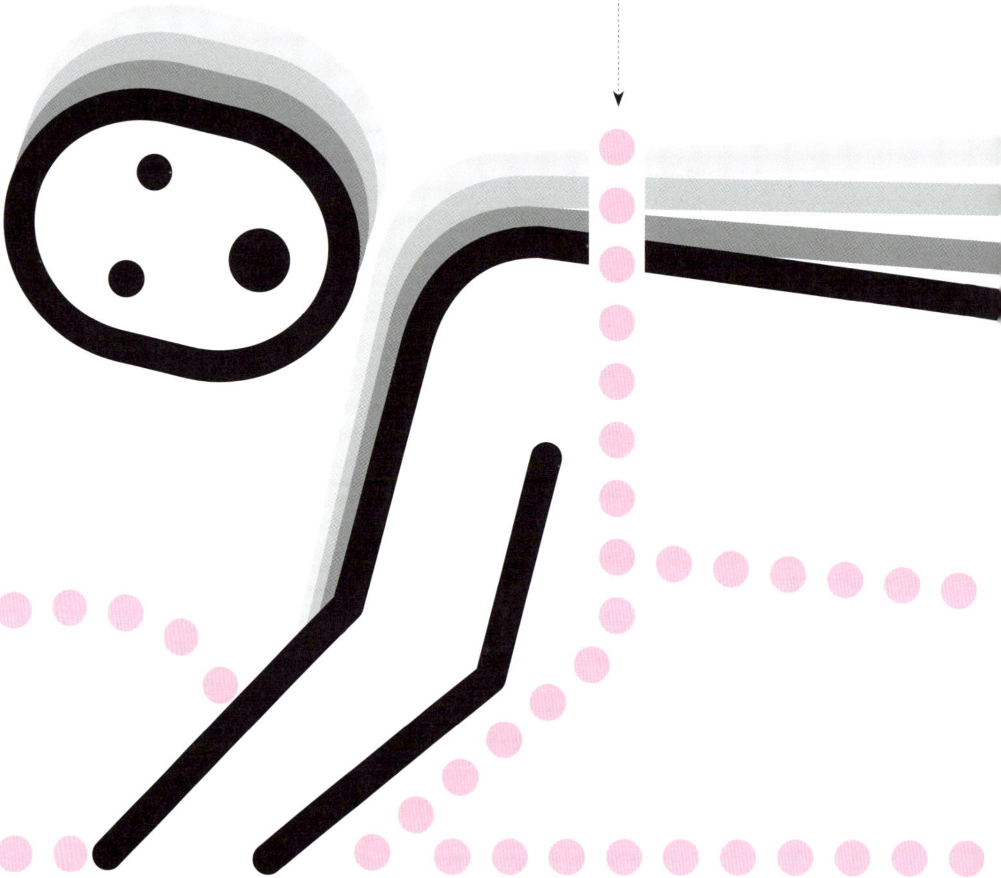

5 **Die Wettkämpfer treten mit Musik auf.** Sie können dem Organisator ihre mp3 mailen (in den USA chris@gmail.com).

6 Sie können eine eigene CD mitbringen, oder sie wählen einen Titel aus der Air-Sex-Musikliste des Veranstalters aus.

7 Eine Jury aus Komikern und Sexexperten beurteilt die erste Runde. Das **Publikum wählt schließlich den Gewinner.**

8 Die regionalen Sieger ziehen **in ein Finale, das jährlich in einer anderen Stadt ausgetragen wird.** Die besten drei treten gemeinsam auf, und das Publikum wählt seinen Champion.

Tipps für die Show

- Humor ist besser als Porno.
- No-Go: simulierte Vergewaltigung (der Air-Sex-Akt wird sofort abgebrochen)
- Sprechen und Stöhnen sind erlaubt, doch: Schweigen ist Gold.
- Besser verrückt aussehen als heiß um jeden Preis

In ***Air Sex: The Movie*** sehen Sie, wozu Leute so fähig sind.

Sex *in* der Luft

Durch die Terrorangst wird Sicherheit auf Flügen großgeschrieben, entsprechend schwer ist es heute, in den **Mile High Club** zu kommen: Verdächtig wirkt, wer zu zweit aufs Klo geht. Aber buchen Sie sich eine „intime Erfahrung" im kleinen Sonderflugzeug (meist Sechssitzer): nur Sie, Ihr Partner und ein diskreter Pilot (der geräuschunterdrückende Kopfhörer trägt).

Man benötigt 5 bis 10 min, bis man in 1.600 m Höhe die Gurte lösen kann …

Angola-Gefängnis-Rodeo

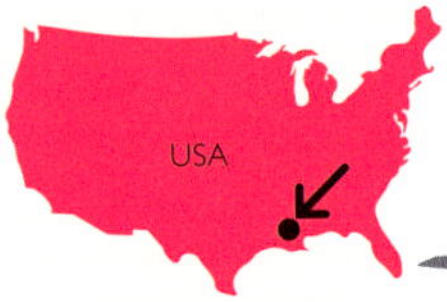

St. Francisville, USA
3. Wochenende im April, im Oktober jeden Sonntag

Die „wildeste Show im Süden“ fand erstmals 1965 statt (damals zur Unterhaltung der Insassen des Staatsgefängnisses in Louisiana). Das Event hatte aber durchschlagenden Erfolg: Im Laufe der Jahre musste die Anzahl der Besuchersitzplätze ständig erhöht werden. Im Jahr 2000 wurde ein neues Stadion für 7.500 Zuschauer gebaut.

Zu den **neun Events** gehören u. a.:

- **Melken einer wilden Kuh**
  Die Teams sollen eine in der Arena herumlaufende Kuh melken.

- **Reiten ohne Sattel**
  (klassisches Rodeo)
  Es gewinnt der Sträfling, der sich **8 sek** auf einem bockenden Wildpferd halten kann.

- **Bullenreiten**
  (auch ein klassisches Event)
  Hält sich ein Sträfling **6 sek** auf einem 900-kg-Bullen, erhält er den Titel Universalcowboy.

Da die Sträflinge keine geübten Reiter sind, tragen sie bei allen Events **Schutzhelme und gepolsterte Westen**.

Von allen Events ist dieses besonders speziell:

- **Knastpoker**
  Vier Sträflinge zocken an einem Tisch, während ein 680-kg-Bulle auf sie losgeht. **Wer als Letztes den Tisch verlässt, gewinnt.**

Das Gefängnis hat 5.000 Insassen. Drei Viertel von ihnen sitzen lebenslänglich ohne Aussicht auf Bewährung. 800 Gefangene produzieren **Möbel** und anderes **Kunsthandwerk,** das beim Rodeo ans Publikum verkauft wird.

Manche arbeiten auch auf der 7.300 ha großen Gefängnisfarm (das ist in etwa so groß wie Manhattan) und bauen Baumwolle, Weizen und Mais an. Früher setzte man auf dieser ehemaligen Plantage afrikanische Sklaven als Arbeiter ein.

Den Namen „Angola" erhielt das Gefängnis übrigens in Anlehnung an den **afrikanischen Staat** und die Sklaven, die man von dort verschleppte, um sie in Amerika zu verkaufen.

Weltrekord im **Steinehüpfen**

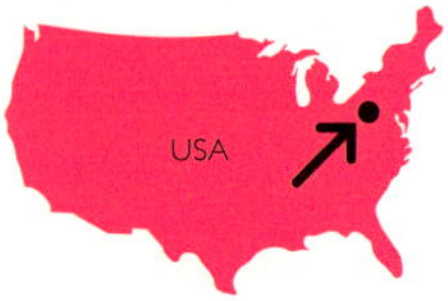

Red Bridge, USA
September 2013*

Hier geht es darum, **wie oft** ein Stein über Wasser hüpft.

Kurt „Mountain Man“ Steiner hält den Rekord: **88 Sprünge***. Damit überbot er den vorigen Weltrekord mit 65 Hopsern.

Nicht wirklich ein Wettbewerb, aber dennoch erstaunlich. (Und jeder kann’s probieren.)

Weltmeister-schaft im **Steinehüpfen**

Easdale Island, Schottland
Letzter Sonntag im September

Bei diesem Wettkampf geht es darum, **wie weit** ein Stein übers Wasser hüpft.

Bei dem Event in Easdale wurden Distanzen von bis zu **60 m** erreicht.

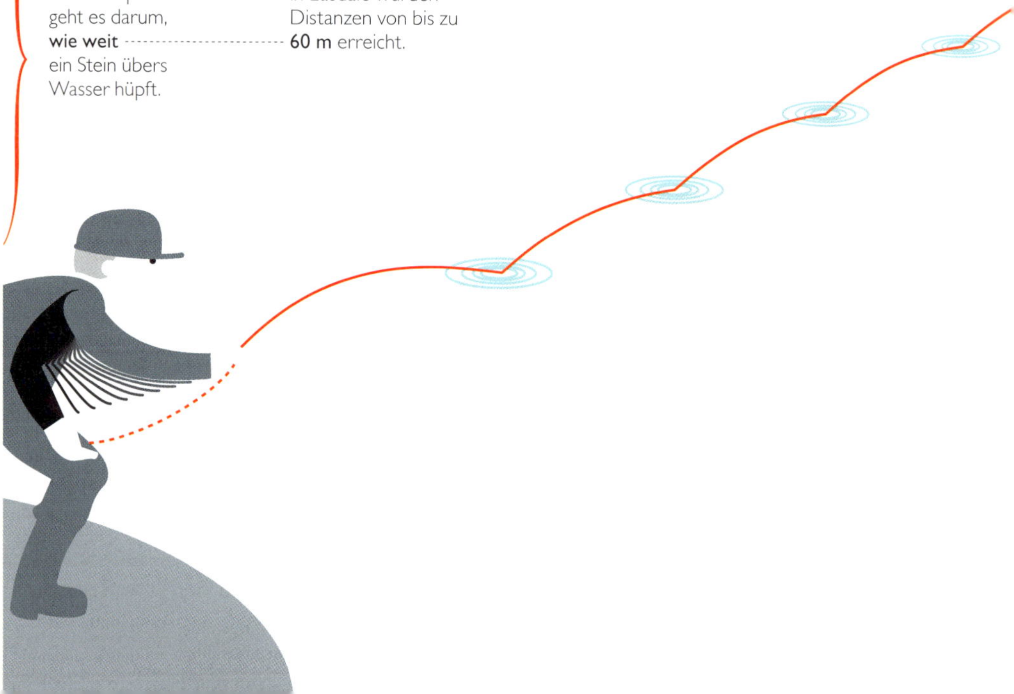

Dies ist ein echter Wettkampf, erstmals 1983 ausgetragen.

*Rekorde werden gebrochen. Dies war der Rekord im Steinehüpfen bei Drucklegung.

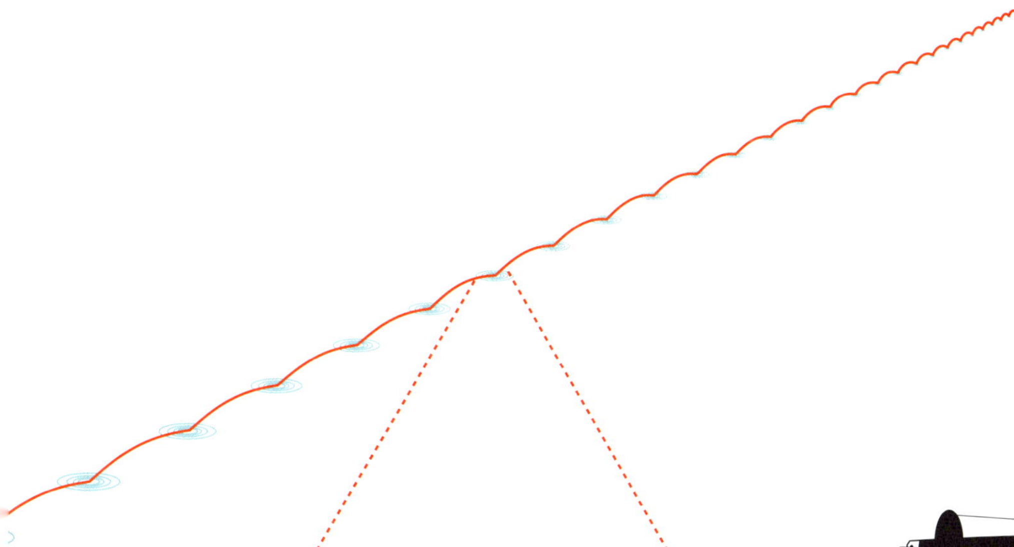

In der Grafik habe ich 44 Sprünge unterbringen können – nur die Hälfte von Kurts erstaunlichem Weltrekord.

Wie heißt das woanders?
(eine Auswahl der langen Liste von Namen für Steinehüpfen in anderen Ländern)

Amerika	**Steinhüpfen**
England	**Steingleiten**
Bulgarien	**Frösche machen**
Finnland	**Sandwich werfen**
Ungarn	**Wie eine Ente watscheln lassen**
Japan	**Wasser schneiden**
Mongolei	**Den Hasen hüpfen lassen**
Russland	**Pfannkuchen backen**

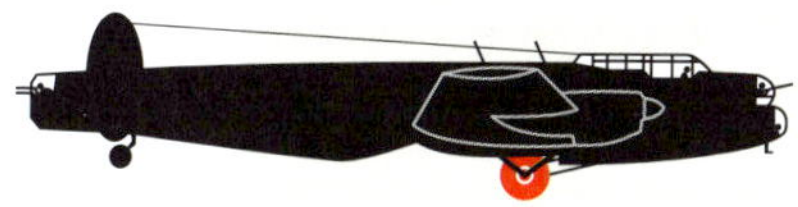

Die Dam Busters im Zweiten Weltkrieg
Die britische Royal Air Force nutzte 1943 ein ähnliches Prinzip, um über deutschen Gewässern **Rotationsbomben** aus Lancaster-Bombern abzuwerfen. Die Bomben **sprangen über das Wasser** und wichen so den vertikalen Torpedonetzen aus, bis sie auf die Staudämme trafen. Dort gingen die Bomben unter, **explodierten unter Wasser** und beschädigten die Ziele.

Und so funktioniert es:
Die besten Steine sind glatt, dünn, wiegen ca. 150 g und haben eine Oberfläche von **ca. 10–15 cm²**.* Sie können rundlich oder eher dreieckig sein. Je größer die Oberfläche, desto mehr Hub bekommt der Stein durch das Wasser.

Bringen Sie den Stein beim Werfen zum **Drehen**, indem Sie aus dem Handgelenk heraus werfen.

Die Bewegung des Wassers treibt den Stein **nach oben und vorwärts**.

Bei gleichbleibender Geschwindigkeit könnte er theoretich endlos weiterhüpfen. *Theoretisch!*

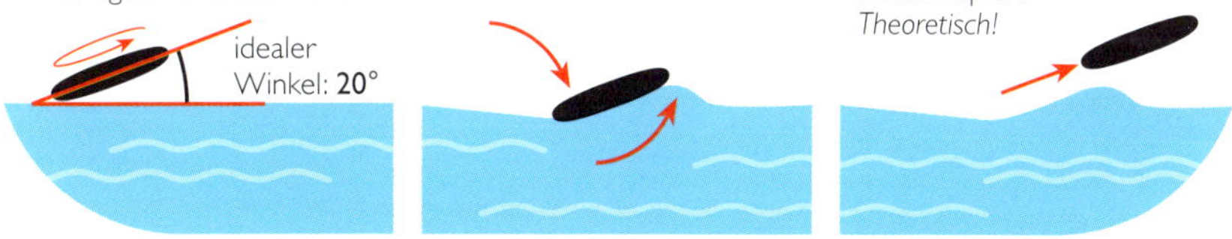

*Bei der Easdale-Meisterschaft ist die Steingröße auf 7,5 cm² begrenzt, und nur Stücke aus dem Schiefersteinbruch sind erlaubt.

Nathans Hotdog-Wettessen

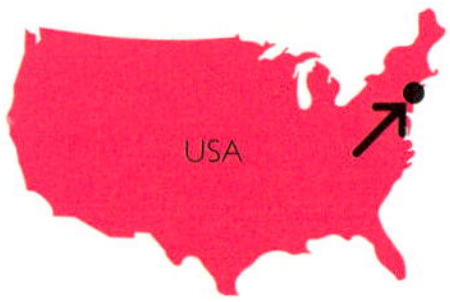

New York, USA
4. Juli

Der Legende nach aßen **1916** vier Einwanderer um die Wette Hotdogs. Seit 1972 ein eingetragenes Event, findet das wenig magenschonende Spektakel heute am amerikanischen Unabhängigkeitstag auf Coney Island statt.

Ehemalige Sieger werden automatisch eingeladen, dazu ca. 20 weitere Konkurrenten, die sich bei anderen Wettbewerben qualifiziert haben. Sie kämpfen um Preise im Wert von insgesamt 40.000 USD.

Unten: **72 Hotdogs**. Diese Menge aß der aktuelle Weltrekordler* **Joey Chestnut** beim Wettbewerb 2017.

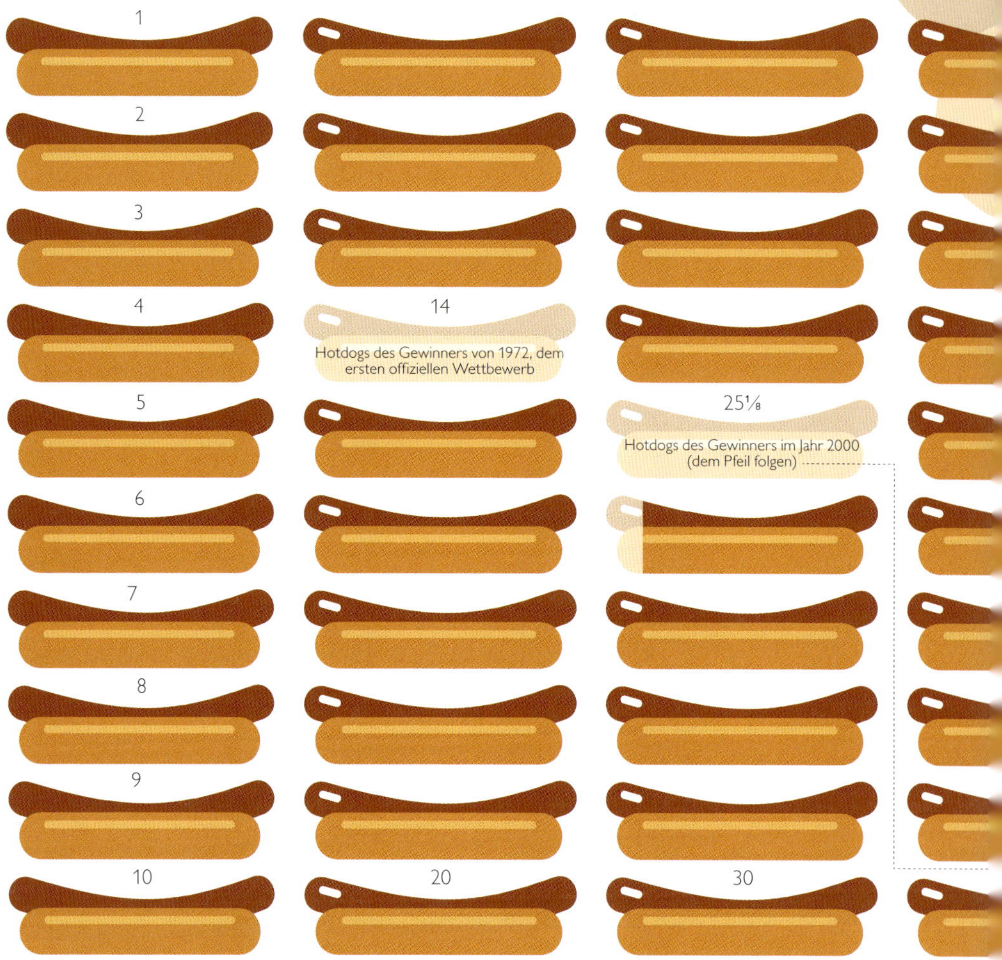

Der Wettbewerb wird von der **Major League Eating (MLE)** gemeinsam mit der **International Federation of Competitive Eating (IFOCE)** durchgeführt.

Jeder Teilnehmer hat einen eigenen **Punktezähler**, der die Zahl der verzehrten Hotdogs anzeigt. Jeder darf **10 min lang** zulangen.

Wer die meisten Hotdogs essen kann *und drin behält*, gewinnt. **„Rückwärtsessen" ist nicht erlaubt.**

*korrekt bei Drucklegung

Der im Jahr zuvor erreichte Rekord wurde hier **verdoppelt.**

Es gibt verschiedene Methoden. Populär ist, **das Brötchen in Wasser zu stippen** und es mit dem **Würstchen als Stößel** den Schlund hinunterzuschieben.

Von 2001 bis 2006 war **Takeru Kobayashi** der Championesser. So hat er **trainiert:**

1. **Stundenlang joggen** (der Magen schrumpft)

2. **Viel Wasser trinken** (dehnt den Magen)

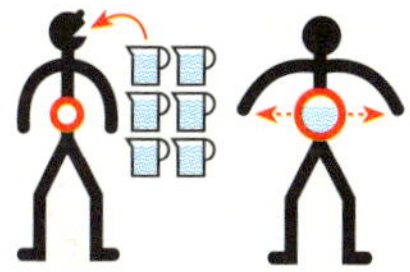

Schritt 1 und 2 mehrmals wiederholen

3. **Faserreich und fettarm essen (z. B. Kohl)** (bleibt lang im Magen, bevor es abgebaut wird)

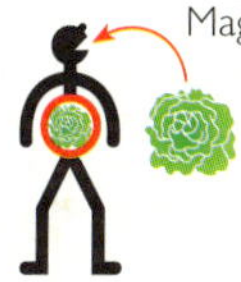

Ist der Magen voll, dehnen sich die Muskeln und senden „Essen stoppen" als Botschaft ans Gehirn.

4. **Trainieren Sie, diese Botschaften zu ignorieren.** (das ist der schwere Teil)

5. Am Wettbewerbstag **fasten**

Nächste Seite:
im Magen

Mehr Wissenswertes über Esswettbewerbe aller Art.

Okay, alle stellen sich die Frage: **Was passiert nach dem Wettbewerb?** (Anders ausgedrückt: Wo verbleibt das Essen? Oder gar: An welchem Ende kommt es wieder heraus?)

Von den Wettstreitern verrät keiner etwas. Verständlich, denn sie werden von den Firmen bezahlt, deren Produkte sie eben konsumiert haben. Wäre keine gute Marketingstrategie, das Publikum sehen zu lassen, was wirklich mit dem Essen passiert.

Aber irgendwo *muss* es doch hin! Einem unbestätigten Gerücht zufolge erbrechen sich alle Wettbewerber. Zum Glück passiert das außer Sichtweite.

Als Wettkampfesser sollten Sie diese Fakten verinnerlicht haben:

Die Besten **entspannen ihre Speiseröhre,** damit sie sich ausdehnt und mehr aufnimmt.

Ein **normaler Magen** fasst ca. 1,5 kg.

72 Hotdogs mit Brötchen und Wasser wiegen etwa **8 kg.**

Sehr wichtig: Fähigkeit, den Magen **über Normalgröße** auszudehnen. (Siehe Kobayashis Trainingsplan auf der vorigen Seite.)

72 Hotdogs haben **26.250 kcal.** (Die amerikanische Gesundheitsbehörde empfiehlt pro Tag 2.300 kcal.)

Verspeist werden nicht nur Hotdogs. Diese unvollständige Liste enthält von der Major League Eating organisierte Esswettbewerbe.

Legende:
Ausgewählte Rekordhalter -----
Menge, Zeit -----

(Die Zeit wird nicht immer genommen.)

Eiscreme
Joey Chestnut
6,8 l, 6 min

Reisbälle
Takeru Kobayashi
9,1 kg, 30 min

Marsriegel
Pat Bertoletti
38, 5 min

Erbsen
Eric Booker
4.3 kg

Hummerfleisch
Sonya Thomas
44 Hummer, 5 kg, 12 min

Mayonnaise
Oleg Zhornitsky
3,6 kg

Nigiri-Sushi
Tim Janus
141 Stücke, 6 min

Hirn-Tacos
Joey Chestnut
54, 8 min

Schinkenfleisch
Richard LeFevre
2,7 kg, 12 min

Cupcakes
Tim Janus
48, 8 min

Zuckermais
Yasir Salem
47 Kolben, 12 min

Brombeerkuchen
Joey Chestnut
8,3 kg, 8 min

Frittierter Spargel
Joey Chestnut
5,7 kg, 10 min

Hart gekochte Eier
Joey Chestnut
141, 8 min

Pasta
Matt Stonie
4,5 kg, 8 min

Twinkies
Joey Chestnut
121, 6 min

Butter
Don Lerman
7 x 0,1-kg-Packungen, 5 min

Geburtstagskuchen
Matt Stonie
6,6 kg, 8 min

Pommes frites
Cookie Jarvis
1,3 kg, 10 min

Austern
Sonya Thomas
564 Austern (47 Dutzend), 8 min

Schinken
Matt Stonie
182 Speckstreifen, 5 min

Herzförmige Schokolade
Pat Bertoletti
1 kg, 7 min

Slugburger
Matt Stonie
43, 10 min
(Diese Burger haben eine Fleisch- und Brotfüllung und sind frittiert.)

plus:
Apfelkuchen
Bratwurst
Burritos
Calamari
Cannoli
Chickenwings
Chilis
Corned Beef auf Roggenbrot
Crab Cakes
Donuts
Eingelegte Gurken
Erdbeertörtchen
Fisch-Tacos
Fleischpasteten
Frittierte Okras
Frozen Yogurt
Gebackene Bohnen
Getoastete Ravioli
Hoden
Knoblauchgemüse
Kohlburger
Kürbiskuchen
Lachssuppe
Limettenkuchen
Maisgrütze
Maispasteten (Tamales)
Marshmallow-Figürchen
Matzeknödel
Muscheln
Okraschoten
Pastrami-Sandwiches
Peperoni
Pfannkuchen
Pizza
Popcorn
Rhabarberkuchen
Rippchen
Salzige Pellkartoffeln
Sandwiches mit Erdnussbutter und Marmelade
Sandwiches mit Grillkäse
Schweinefüße und -knöchel
Schweinsroulade
Shrimp-Wantan
Shrimps
Strauben
Süßkartoffelauflauf
Tacos
Teigtaschen
Trauben
Truthahn
Turducken (ein spezieller Truthahnbraten, gefüllt mit einer Ente, die wiederum mit einem jungen Hähnchen gefüllt ist)
Wassermelonen
Würstchen in Maisteig

Auf dem Veranstaltungsgelände **in New York** treiben sich **freundliche Hotdogs** herum (und versperren einem meistens den Blick!).

Rekorde bei Drucklegung

Día de los Muertos
Tag der Toten

in ganz Mexiko (und an anderen Orten der Welt)
31. Oktober bis 3. November

Mit diesem dreitägigen Fest verbinden sich verschiedene Traditionen. Die Toten ehrt man mit eigenen Altären *(ofrendas)*, geschmückt mit Kerzen, Zuckerschädeln, Ringelblumen, Andenken und den Lieblingsspeisen und -getränken der Verstorbenen.

Die Altäre werden in der Regel zu Hause aufgebaut, manchmal geht man aber auch **auf den Friedhof und errichtet kunstvolle Opferstätten** in der Nähe der Gräber geliebter Menschen. Dort möchte man den **Seelen der Toten** begegnen und hofft, dass sie die Gebete und Geschichten der Lebenden hören. Man glaubt, dass die Seelen **die mitgebrachten Speisen zu sich nehmen,** sodass sie, wenn anschließend die Lebenden davon essen, keinen Nährwert mehr haben.

In letzter Zeit gestalteten sich die Feiern eher wie zu **Halloween**. In Mexikos Städten **verkleiden sich Jugendliche** und klopfen an Türen, um kleine Totenschädel aus Zucker, Süßigkeiten und Geld zu sammeln.

In den meisten mexikanischen Regionen **wird am 1. November der toten Kinder gedacht** (Día de los Inocentes oder Día de los Angelitos). Der **2. November ist für verstorbene Erwachsene gedacht** (Día de los Muertos). Viele Städte haben eigene Traditionen, um ihre Toten zu feiern und zu ehren.

1910 schuf **José Guadalupe Posada** ***La Calavera Catrina*** (Der elegante Totenkopf). Das Skelett, nur bekleidet mit einem aparten Hut, wird heute oft mit dem Día de los Muertos assoziiert. In seinen Karikaturen stellte Posada die **mexikanische Oberschicht** bloß, die das Auftreten aristokratischer Europäer nachahmte.

Noche de Rábanos
Nacht der Radieschen

Oaxaca, Mexiko
23. Dezember

Oaxaca ist für traditionelle Holzschnitzereien bekannt. Bei diesem Event aber schnitzen etwa 100 einheimische Bauern Bilder und Gestalten aus übergroßen Radieschen.

Es gibt auch einen Wettbewerb für Skulpturen aus Maishülsen und Trockenblumen.

Mitte des 18. Jahrhunderts gab es in Oaxaca einmal so viele Radieschen, dass man sie im Boden beließ. Dort wuchsen sie einfach weiter.

Mönche zogen einige heraus und zeigten sie auf dem Weihnachtsmarkt.

Ziemlich bald begann man, aus Radieschen religiöse Figuren und andere Szenen zu schnitzen, und nutzte dabei auch die Ikonografie des Día de Muertos. Der Bürgermeister organisierte **1897** das erste offizielle Radieschenschnitzen. Seitdem wird jedes Jahr um die Wette geschnitzt.

Für den Wettbewerb werden spezielle Radieschen angebaut. Diese Radieschen sind sehr stark gedüngt, chemisch behandelt und somit ungenießbar. Man belässt sie nach der normalen Erntezeit noch viel länger im Boden, wo sie riesige, oft bizarre Formen annehmen.

Am **18. Dezember** werden die Radieschen an die etwa 100 Teilnehmer verteilt. Mit dem Schnitzen darf erst am 23. begonnen werden. Um 21 Uhr desselben Tages beginnt die Jury mit der Bewertung.

Tausende Einheimische und Besucher warten in langen Schlangen, um sich die Skulpturen anzuschauen. Doch nach dem Schnitzen verderben sie schnell, und das Event ist nach wenigen Stunden vorüber.

Man hat **verschiedene Radieschensorten** für den Wettbewerb ausprobiert. Eine sehr große Sorte, die ***criollo***, war komplett weiß und sehr beliebt, weil sie besonders haltbar war, aber sie ist nicht mehr erhältlich. Die heute verwendeten sind die typischen Radieschen mit roter Haut. Der Kontrast zwischen rotem Äußeren und weißem Inneren spielt bei den fertigen Schnitzereien eine wichtige Rolle. In verschiedene Themengruppen von traditionell bis modern eingeteilt, werden sie schließlich beurteilt.

Der Hauptpreis von 15.000 mexikanischen Pesos wird für die beste traditionelle Darstellung verliehen.

Um die Tradition weiterzuführen, sind **Kinder zwischen 6 und 17 Jahren** eingeladen, ihren eigenen Wettbewerb zu bestreiten.

Woche der Piraten

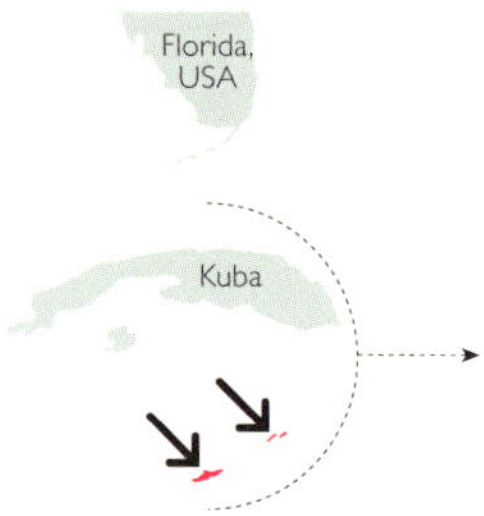

Cayman-Inseln
November

Dieses Festival begann 1982. Hier laufen eine Menge Möchtegernpiraten herum (alle perfekt kostümiert). Besucher können an etwa 32 Events teilnehmen, z. B. Piratenüberfällen, Feuerwerken und der Krönung der Festivalkönigin. Fahren Sie hin, und gönnen Sie sich zusammen mit den anderen 35.000 Gästen diesen Piratenpartyspaß.

Die Route der mit Gold und Silber beladenen **Schatzgaleonen** von der Neuen Welt nach Spanien führte direkt an der Insel Grand Cayman vorbei.

Während des Goldenen Zeitalters der Piraterie (zwischen 1650 und 1730) war die Position der **Grand Cayman** auf der Schatzschiffroute für die Piraten das ideale Versteck. Die Caymans waren auch ein guter Ort für die Piratenkapitäne, um die Crew für gekaperte Schiffe zu finden, Beute zu verstecken und eigene Schiffe zu reparieren. Und es gab genug Frischwasser, Holz und Schildkrötenfleisch.

Die Engländer hatten sich 1660 in **Jamaika** niedergelassen und betrachteten die Caymans als Teil ihres Territoriums. Doch diese drei Inseln blieben weitgehend unbeachtet, was die Piraten weidlich ausnutzten.

Der berüchtigtste Pirat, der mit den Caymans in Verbindung gebracht wird, war Edward Teach, besser bekannt als **Blackbeard** (wegen seines buschigen, langen Bartes, der manchmal mit farbigen Bändern geschmückt war). Er war in den letzten fünf Jahren seines Lebens in der Nähe der Caymans aktiv, bevor er 1718 starb.

Die Totenkopfflagge. Es gibt viele Geschichten über den Ursprung von Jolly Roger, dem englischen Namen der Piratenflagge. Eine lautet, er sei vom englischen *roger* abgeleitet, was wandernder Vagabund bedeutet. Old Roger wurde aber auch der Teufel genannt.

Die meisten Piraten hissten jedoch nur eine einfache schwarze Flagge (Schädel und Knochen waren seltener zu sehen). Sie bedeutete, dass alle auf dem geenterten Schiff am Leben bleiben durften und es kein Blutvergießen gab.

Aber wenn das Schiff sich nicht ergab, zogen Piraten die **rote Flagge** auf: Keine Gnade! Die rote Flagge war sehr gefürchtet. War sie in Sicht, ergaben sich die meisten Schiffe sofort.

Warum die Augenklappe?
Der Seemann konnte so ein Auge an die Dunkelheit gewöhnen, wenn er aus dem hellen Sonnenlicht ins dunkle Unterdeck stieg.

Und Frauen?
Piraten glaubten, eine Frau an Bord brächte Unglück. Einige haben es aber doch geschafft und standen im Ruf, besonders brutal zu sein. **Anne Bonny** überquerte Anfang des 18. Jahrhunderts den Großen Teich nach Amerika, und **Cheng I Sao** befehligte Anfang des 19. Jahrhunderts eine der gefürchtetsten Piratenarmeen Chinas.

Weitere bekannte Seeräuber waren George Lowther, sein Leutnant Edward Low und **Henry Morgan**. Nach diesem „Captain" Morgan wurde 1944 der Rum von Seagram benannt.

Warum Papageien?
Die Tiere werden hauptsächlich wegen R. L. Stevensons Roman ***Die Schatzinsel*** von 1883 mit Piraten in Verbindung gebracht. Long John Silver besaß den sprechenden Papagei Captain Flint als Haustier.

Warum das Holzbein?
Ein brandiges Bein abzusägen war die schnellste Möglichkeit, ein Leben zu retten. Um das Sägen kümmerte sich meist der **Schiffskoch.** Holz fürs Bein gab es in Massen, schließlich bestand das Schiff ja daraus.

Piratensprache*
Ein paar Begriffe, die man Ende des 17. Jahrhunderts auf einem Piratenschiff hören konnte.
(Tatsächlich auf *allen* Schiffen jener Zeit, da die Wörter nicht von Piraten erfunden wurden.)

Avast, matey!
Wörtlich *houd vast* (halt fest). Auf Holländisch bedeutet das **stopp** oder **halt still**. *Matey* heißt Kumpel.

Scuttlebutt
Ein *butt* ist ein Holzfass, in das man ein Loch bohrt *(scuttle)*, um Wasser abzufüllen. Trafen Piraten sich am Scuttlebutt auf ein Glas Wasser, tratschten sie über das Leben an Bord.

Kielholen
Eine grausame Bestrafung: dem Schiff hindurch wurde ein Seil gezogen, das eine Ende an die Beine, das andere an die Hände des Missetäters gebunden. Dann wurde er **über Bord geworfen und unter dem Schiff von einer Seite zur anderen gezogen**.

Grog
Rum mit Wasser verdünnt. Die Wasserqualität auf langen Reisen war nicht sonderlich gut, schlechter Geschmack wurde also mit Rum übertüncht.

*Internationaler **Sprich-wie-ein-Pirat-Tag** ist der 19. September.

Las Bolas de Fuego

Feuerball-
fest

Nejapa,
El Salvador
31. August

Als 1658 der Vulkan El Playón ausbrach, berichteten Bewohner des Dorfes Nixapa, sie hätten auf ihrer Flucht Feuerbälle durch die Luft fliegen sehen.

Viele glaubten, der heilige Hieronymus habe mit diesen Feuerkugeln den Teufel bekämpft.

Nach der Eruption 1658 wurde das Dorf in sicherem Abstand neu erbaut und bekam den Namen **Nejapa**.

El Playón brach 1922 erneut aus. Das war der Beginn des jährlichen Festivals von Las Bolas de Fuego. Tagsüber findet das Musikfestival statt. Bei Einbruch der Nacht beginnt der Feuerkampf.

Trotz des großen Verbrennungsrisikos hat man dieses Event als eine Art Schneeballschlacht beschrieben, nur eben mit Feuerbällen …

Carnaval de Barranquilla

Barranquilla, Kolumbien
beginnt Samstag vor Aschermittwoch im Februar/März

Diese 300 Jahre alte Form des Karnevals setzt sich aus traditionellen Tänzen, Musik und kulturellen Einflüssen aus Europa, Afrika und Indien zusammen. 2003 wurde sie von der UNESCO in die Liste des mündlichen und immateriellen Weltkulturerbes aufgenommen.

Beim Karneval gibt es viele verschiedene Charaktere, aber die beliebtesten sind wohl die **Marimondas,** die Clowns der Show. Ihre lustigen Possen sorgen für gute Laune an allen vier Festtagen.

Das **Marimondas-Kostüm** wurde ursprünglich von einem armen Mann aus Barranquilla erfunden. Da er sich kein teures Karnevalskostüm leisten konnte, machte er sich sein eigenes: Er setzte sich eine Tüte mit Löchern für Augen und Mund auf den Kopf und befestigte eine merkwürdig lange Nase zwischen den Augen.

Heute kleiden sich die Marimondas in genau diesem einfachen Stil, **Teams tragen jeweils die gleichen leuchtenden Farben.**

Die Marimondas verkörpern das Motto des Karnevals: *„Quien lo vive, es quien lo goza.“* (Wer es lebt, genießt es auch.)

Die **Karnevalskönigin** wird am Ende der Saison für das nächste Jahr gewählt (so kann sie sich von langer Hand vorbereiten). Am ersten Karnevalstag führt sie die **„Schlacht der Blumen“** an, eine überwältigende Parade von Tänzern und geschmückten Wagen.

Am letzten Tag, dem Dienstag, folgt die feierliche **Beisetzung von Joselito Carnaval.** Der Legende nach war er sehr betrunken und müde vom vielen Feiern und starb am Tag vor Aschermittwoch. Doch im darauffolgenden Jahr wird er rechtzeitig **wieder zum Leben erweckt.**

Fiesta de la Mama Negra

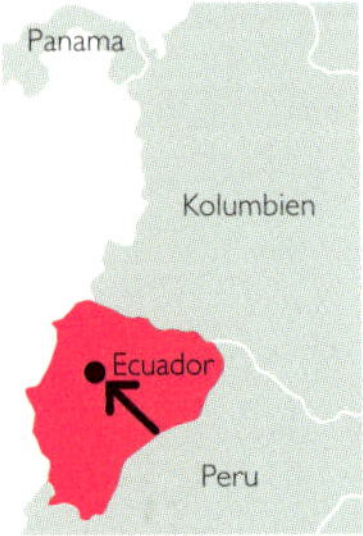

Latacunga, Ecuador
September
(zu Ehren der Madonna der Barmherzigkeit)
und November
(Unabhängigkeitstag von Latacunga)

In der Fiesta mischen sich indigene spanische und afrikanische Kulturen und feiern dreierlei:

- den Ausbruch des Cotopaxi-Vulkans 1792
- den Dank an die Madonna der Barmherzigkeit, dafür, dass sie die Stadt vor dem Vulkan beschützt hat
- die Ankunft afrikanischer Sklaven, die in den Silberminen arbeiten sollten.

Mama Negra ist im Wesentlichen eine **große Parade** mit vielen Charakteren, z. B. Pacahangueros (Volkstänzer), Cholas (indigene Tänzer), Palomeras (Taubenträger), Leuten, die tote Schweine tragen, Blaskapellen und vielen lautstarken Trommlern.

Frühmorgens übergeben die Hauptpersonen des letzten Jahres ihre **Befehlsgewalt zeremoniell** an die neuen Herrscher der Parade. Dies sind der **maurische König,** der **Sergeant,** der **Hauptmann der Wache,** der **Sternenengel** und **La Mama Negra.**

Die Parade wird von den weiß gekleideten Huacos (Schamanen) angeführt, die gestreifte Masken tragen. Sie verscheuchen böse Geister (und ärgern ein bisschen die Zuschauer am Wegesrand).

Den Huacos folgt der **Sternenengel,** der Führung und Licht repräsentiert. Dieser Engel wird von einem jungen Mann oder manchmal auch einer jungen Frau dargestellt.

Die Rolle der **La Mama Negra** spielt ein Mann, der jedes Jahr von der Gemeinde gewählt wird. Er trägt eine schwarze Puppe, die seine Tochter **Manuelita Baltazara** darstellt und die Eintracht der Menschen von Latacunga symbolisiert.

Manche Zuschauer monieren, dass La Mama Negra und andere Figuren **schwarz angemalt** sind.

Doch die Fiesta speist sich aus multikulturellen Wurzeln, und die Figur der La Mama Negra ist nicht als Karikatur schwarzer Frauen gedacht. Alle Befindlichkeiten über Rasse (oder Geschlecht) ordnen sich dem Spaß an diesem Ereignis unter.

Boi Bumbá
Schlag den Bullen

Parintins, Brasilien
Ende Juni

Zur Zeit des Kautschukbooms Mitte des 19. Jahrhunderts suchten Einwanderer in Brasilien ihr Glück und brachten eine Geschichte von einem Stier oder Ochsen *(boi)*, einer schwangeren Bäuerin, ihrem Mann und einem Schamanen mit. Das heutige Festival begann 1913 als Straßenparade. Mit den Jahren schmückte man es mit einheimischen indianischen Legenden, Musik und Trommeln aus. Boi Bumbá wird heute in vielerlei Form in zahlreichen Städten Nordbrasiliens abgehalten.

Die Story trug sich wohl so zu:

1 **Mae Caterina** → und ihr Mann **Pae Francisco** arbeiteten als Bauern für einen reichen Farmer. Als sie schwanger wurde, bekam Mae **Heißhunger auf Stierzunge.**

Man sagt, Mae sei recht **hässlich** gewesen, beim Festival wird ihre Rolle meist **von Männern gespielt.**

3 Der Diebstahl wurde entdeckt, und **der reiche Farmer** → drohte Pae und Mae mit dem **Tode.** Doch im Traum wurde er davor gewarnt, das Paar zu töten.

2 Um die Gelüste seiner Frau zu befriedigen, **tötete Pae** einen Stier des Farmers und schnitt die Zunge heraus.

Leider hatte der Farmer gerade diesen Stier, seinen Lieblingsstier, seiner Tochter versprochen.

4 Mithilfe eines **Priesters und Schamanen** (oder neuerdings einer **Medizinfrau,** gespielt von einer afrobrasilianischen Frau) können Pae und Mae den Stier wiederbeleben. **Alles endet gut.**

Heute stellt man die Geschichte von Boi Bumbá im **Bumbódrome von Parintins** mithilfe von 9 m hohen Festwagen, kunstvoll kostümierten Trommlern und anderen Musikern nach (sowie vielen nur spärlich bekleidete Tänzerinnen).

Die Stadt teilt sich in zwei rivalisierende Gruppen: das Team **Garantido** kleidet sich rot und wird von einem roten Stier ins Bumbódrome geführt, und das Team **Caprichoso** trägt blau und kommt mit einem blauen Stier.

Die Teams spielen jeweils ihre Version der Geschichte. Dann werden alle Teilnehmer von der Jury in 22 Kategorien bewertet, z. B. Bester Stier, Beste Wagengestaltung, Beste Darbietung.

Tinku
Kämpfen und tanzen

Macha, Bolivien
Mai

Tinku* ist ein ritualisierter Kampf und Tanz zu Ehren der Erdmutter Pachamama. Die Kämpfe werden oft blutig, und es gibt auch immer wieder Tote. Der Kampf dient dem Abbau der langjährigen Spannungen zwischen den einheimischen Gruppen der Aymara und Quechua.

**tinku* = gewaltsame Begegnung in der Sprache der Aymara

KÄMPFEN
Das zeremonielle (oder Kampf-)Tinku

Bei den Kämpfen geht es nicht um persönliche Rivalitäten, vielmehr werden sie von ausgewählten Familienbanden **arrangiert.** Die Auseinandersetzung startet als Faustkampf, aber oft nimmt man zusätzlich Steine, damit die Schläge mehr Wucht bekommen.

Die **spanischen Konquistadoren** nahmen im heutigen Bolivien Einheimische als Sklaven. Beim Tinku tragen die Männer zum Schutz traditionelle *monteras* (Helme aus dickem Leder, die an die Helme der spanischen *conquistadors* erinnern).

Manche Kämpfer bestücken ihre **Handschuhe mit Scherben.** Das während des Kämpfens **vergossene Blut** wird als **Opfer für Pachamama** gesehen und soll für Fruchtbarkeit und eine gute Ernte sorgen.

Anders als die Tänzer (gegenüberliegende Seite) tragen die Teilnehmer beim Kampf-Tinku relativ gedämpfte Farben. (Diese **bestickten Beinkleider** sind eine Ausnahme.)

TANZEN
Das festliche Tinku

Dieser Teil des Festes simuliert einen ritualisierten Kampf mit **Tänzern,** die sich **geduckt** zu kriegsähnlicher Trommel-, Gitarren- und Panflötenmusik bewegen.

Die Tänzer **springen von einem Fuß auf den anderen,** stampfen dabei heftig und schütteln die Fäuste, um die Gewalt des Kampf-**Tinku** zu verdeutlichen.

Auch die Männer tanzen. Für diesen Teil des Festes tun sie es den Frauen gleich und kleiden sich in aufwendige Kostüme.

Da es schon Tote gab, stehen **bolivianische Polizisten** bereit, um dazwischenzugehen, falls ein Kämpfer zu Boden geht.

Campeonato Mundial de Baile de Tango

Welturnier im Tangotanzen

Buenos Aires, Argentinien
August

Das 18-tägige Tangofestival wurde 2003 ins Leben gerufen und gilt als Höhepunkt der Qualifizierungsrunden, die in vielen Ländern weltweit ausgetragen werden.

Der Tanz entstand in den **1880er-Jahren** in den Arbeiterslums zwischen Argentinien und Uruguay. Der Name rührt entweder vom lateinischen *tangere* (berühren) oder von dem afrikanischen Sklavenwort *tango* her, das Trommel oder Tanzplatz bedeutet.

Die Meisterschaft besteht aus **zwei Teilen:**

- **Tango de pista** (Salontango): Die Tänzer müssen sich strikt an die traditionellen Regeln und Bewegungen des Milonga* halten.
- **Tango escenario** (Bühnentango): Stärker choreografiert, kann er auch Elemente von Ballett oder anderen Tanzformen enthalten.

Das Finale findet im **Luna Park** in der Nähe des Río de la Plata in Buenos Aires statt.

Etwa 800 Paare nehmen teil, und viele der Wettbewerbsveranstaltungen sind für Zuschauer kostenlos. 2013 wurden die Regeln geändert, sodass nun auch **gleichgeschlechtliche Paare** antreten dürfen.

Außerdem gibt es eine Messe, auf der Tanzschuhe, Kleidung, Bücher und Musik angeboten werden.

2009 erklärte die UNESCO Tango zum **Immateriellen Weltkulturerbe** in Anerkennung der regionalen Identität von europäischen Immigranten, den Nachkommen afrikanischer Sklaven und den eingeborenen *criollos* (Kreolen). Der frühe Tango nannte sich auch *tango criollo.*

Der traditionelle argentinische Tanz ist **improvisiert**, kombiniert aber spontan viele verschiedene Tangoelemente. Beide Tänzer müssen diese Grundelemente perfekt beherrschen, damit der Partner dem Leadtänzer folgen kann.

Zu den Bewegungen gehören **Kreuze, Achten** und **Beinhaken**. Das einfachste Element ist das **Gehen**:

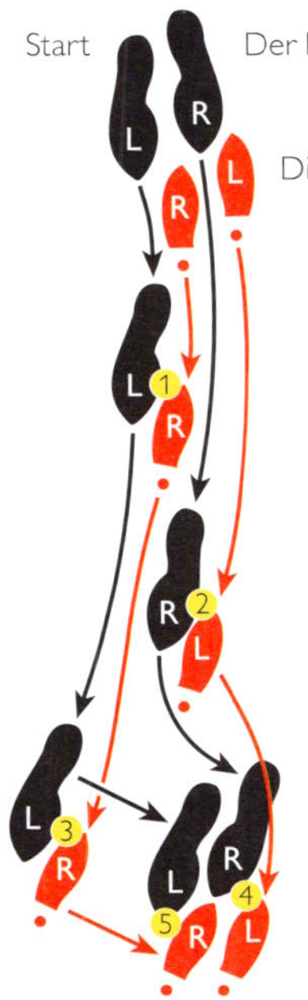

Der **Herr** geht vorwärts.

Die **Dame** geht rückwärts.

*Milonga ist nicht nur ein Tanzstil, sondern häufig auch der Name für spezielle Tangoklubs und -events.

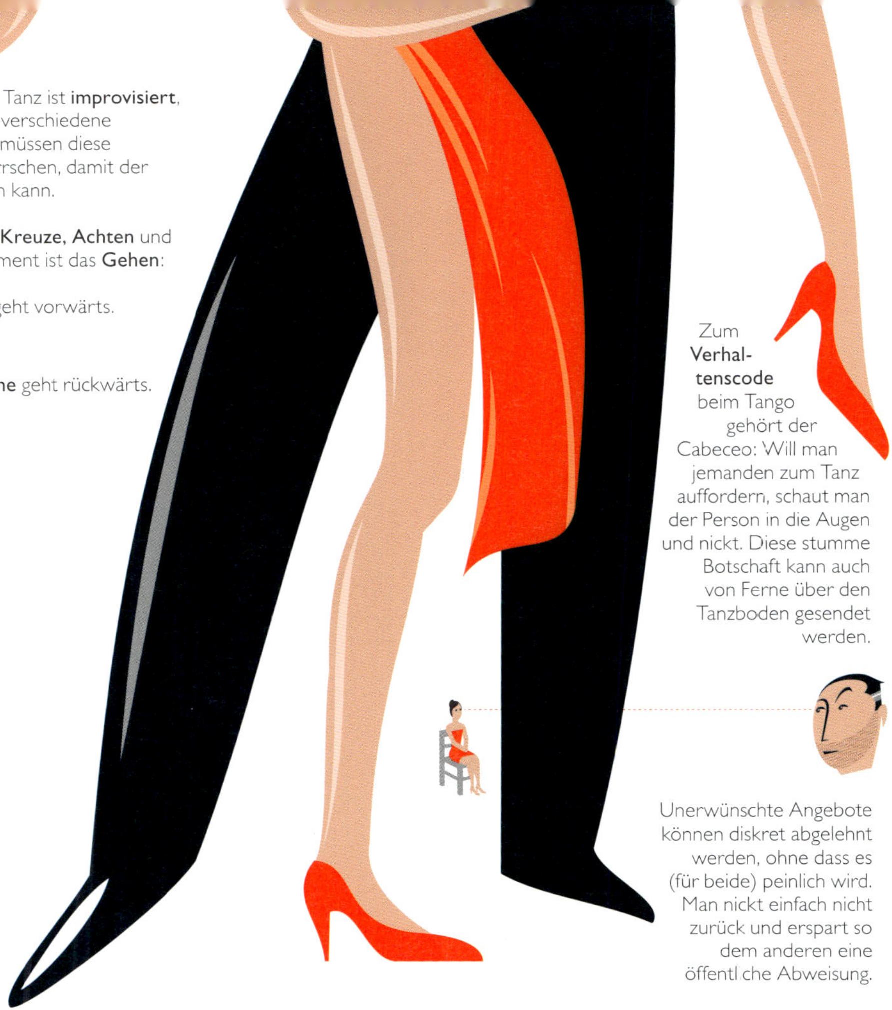

Zum **Verhaltenscode** beim Tango gehört der Cabeceo: Will man jemanden zum Tanz auffordern, schaut man der Person in die Augen und nickt. Diese stumme Botschaft kann auch von Ferne über den Tanzboden gesendet werden.

Unerwünschte Angebote können diskret abgelehnt werden, ohne dass es (für beide) peinlich wird. Man nickt einfach nicht zurück und erspart so dem anderen eine öffentl che Abweisung.

Die nationalen und regionalen Meistertänzer der internationalen Wettbewerbe in **Argentinien, Brasilien, Chile, China, England, der Europäischen Union, Frankreich, Japan, Russland, der Türkei und den USA** werden eingeladen, am Finale der Meisterschaft teilzunehmen.

Außerdem verlosen Buenos Aires und benachbarte Orte unter ihren lokalen Meistern die Teilnahme.

Europa

Ból an Bhóthair

Irisches Straßenkegeln

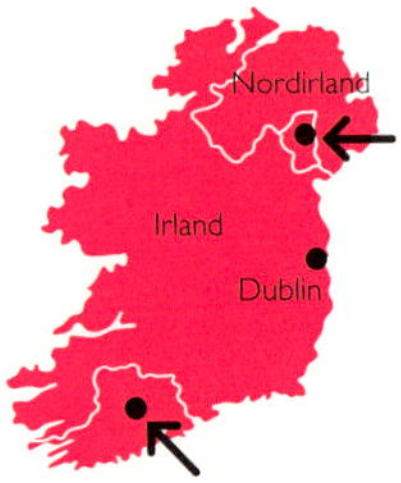

überall im Land, speziell in Armagh County (Nordirland) und in Cork County (Irland)

das ganze Jahr

Diese Mischung aus Golf, Bowling und Boccia spielt man seit dem 16. Jahrhundert auf den kurvigen Straßen von Irland.

Entweder treten **zwei Personen** gegeneinander an **oder zwei Teams mit je zwei bis vier Spielern.**

Weil die **Zuschauer überall auf der Straße stehen dürfen,** müssen die Spieler laut rufen …

ROLLING!

als Warnung, dass alle den Weg freiräumen sollen (wie „*Fore!*" beim Golf).

Die Mitspieler brüllen „*Faugh a Ballagh*", etwa „Mach Platz".

Der Ball wird mit gestrecktem Arm geschleudert und so auf ca. 80 km/h beschleunigt.

Die Bowler dürfen bis zu 13,5 m von der Wurflinie weggehen und von dort Anlauf nehmen, um den Ball zu werfen.

Eine **Kreidelinie** *(butt)* markiert die Stelle auf der Straße, wo der Ball nach dem letzten Wurf liegen blieb …

von dort wird dann weitergeworfen.

Praktisch jeder übertritt die Linie (*breaking your butt* genannt), aber niemanden scheint das groß zu stören.

Ziel des Spiels ist es, die Kugel mit möglichst wenigen Würfen über eine bestimmte Strecke (meist 1,5 bis 5 km) zu rollen.

Geschickte Spieler benötigen für 1 km etwa 25–30 Würfe.

Benötigen mehrere Spieler oder Teams die gleiche Anzahl von Würfen für eine Strecke, gewinnt derjenige, dessen Kugel hinter der Ziellinie am weitesten ausrollt.

Um die Ecke kegeln.
Man darf Ecken schneiden (also durch die Luft werfen), um den Weg der Kugel abzukürzen.

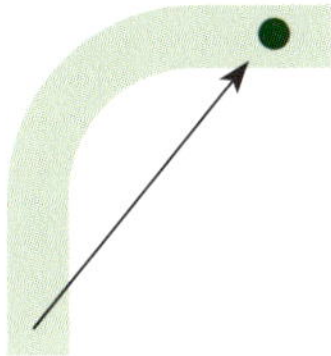

Trifft die Kugel die Straße, ist alles gut.

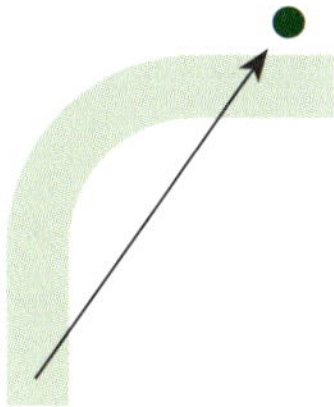

Geht sie hinter der Straße zu Boden, ist das auch okay. Sie wird am nächstgelegenen Punkt wieder auf die Strecke gelegt.

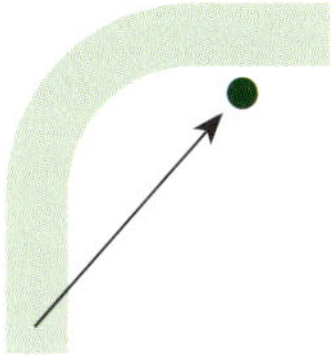

Wird die Kugel zu kurz geworfen, muss der nächste Wurf von der Stelle im Gras oder Gebüsch erfolgen, wo die Kugel landete.

Wie ein Golfcaddy hilft der **Road Shower** dem Werfer, die Kugel über die beste Strecke zu rollen. Dafür stellt er sich etwas entfernt auf die Straße. Er muss flink sein und schnell beiseitespringen können.

In Europa kennt man das Straßenkegeln in Deutschland, Holland und eben in Irland. **In den USA** gibt es in den Staaten New York und West Virginia irische Straßenkegelvereine.

Maßstabsgetreue Darstellung der verwendeten Eisen- oder Stahlkugel *(bullet)* mit einem Gewicht von 800 g und einem Durchmesser von 6,5 cm

Leprechaun (irischer Kobold) ebenfalls in realer Größe

Up Helly Aa

Festival des Feuers

Lerwick, Shetlandinseln
letzter Dienstag im Januar

Seit Ende der 1880er-Jahre verkleiden sich die Männer von Lerwick einmal im Jahr als Wikinger und laufen mit Fackeln durch die Stadt. Anschließend werfen sie die Fackeln in ein extra gebautes Wikingerlangschiff, das dann zu Asche verbrennt. Die Akteure nennt man Guizer*. Sie teilen sich in Kader von 15 bis 25 Mann auf. Ihr Oberhaupt, der Jarl, führt seine eigene Truppe mit bis zu 70 Mann.

***Guizers* heißt einfach nur verkleidete Leute.*

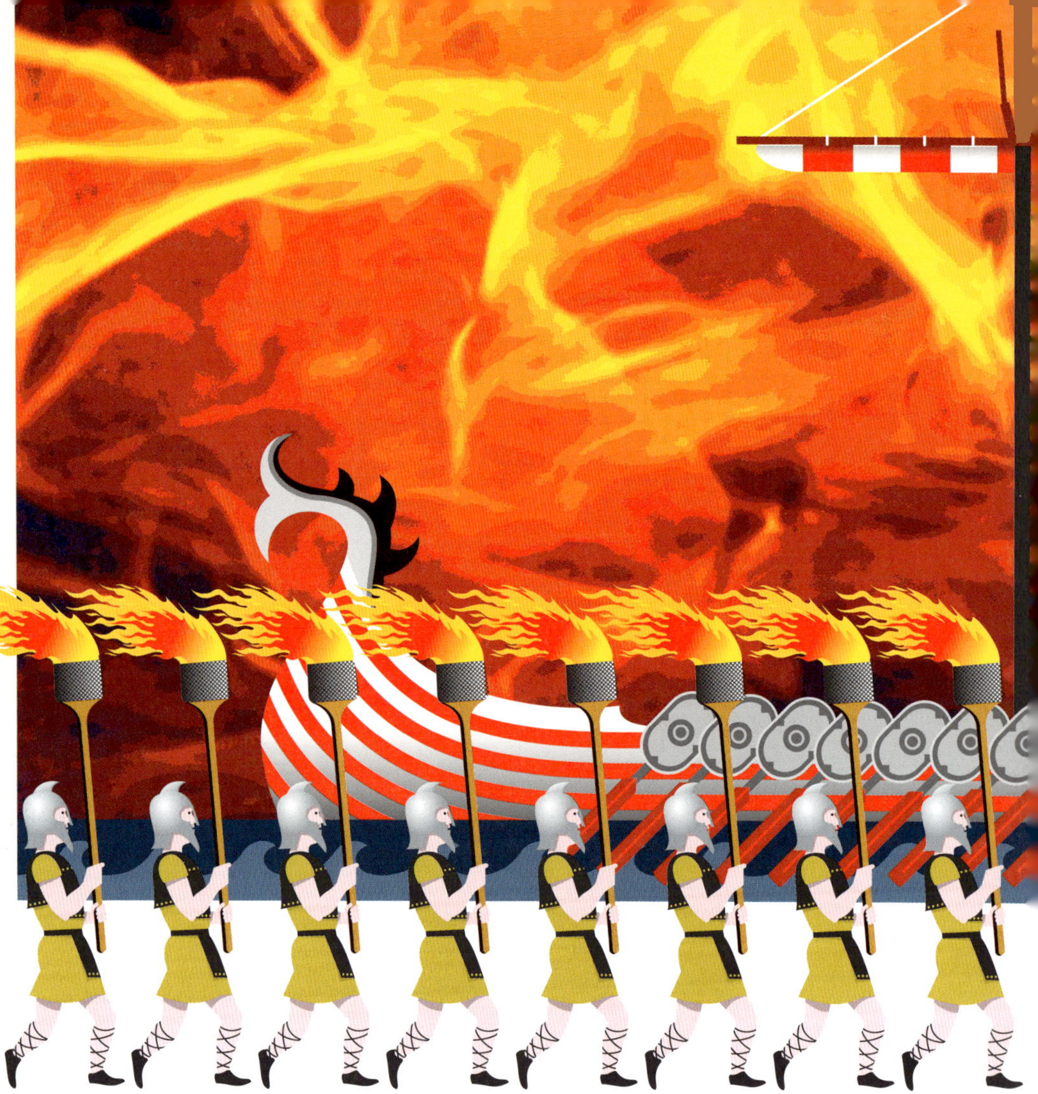

1 Morgens geht **der Guizer Jarl mit seinen Mannen** (noch ohne Fackeln) durch die Stadt bis zum Market Cross …

2 wo alle die ***bill*** lesen. Diese satirische Botschaft ist auf ein großes Brett gemalt und veräppelt das gesamte Ereignis. Sie lautet jedes Jahr anders.

3 Den restlichen Vormittag und den ganzen Nachmittag führen die Teilnehmer verschiedene **zeremonielle Handlungen** durch und bereiten sich auf die abendliche Fackelprozession vor.

Der **Guizer Jarl** wird jedes Jahr durch ein Komitee neu gewählt. Dort muss er selbst mindestens 15 Jahre lang Mitglied gewesen sein.

4 Um **19:30 Uhr** werden in Lerwick alle Lichter gelöscht und über **1.000 Fackeln** für die Prozession **zur Feuerstelle** am King-George-V-Sportplatz entzündet. Das Langschiff wird entlang der Route der Parade gezogen. Der Guizer Jarl steht an Deck.

5 Am Ziel geht er von Bord, und **die 1.000 brennenden Fackeln werden ins Schiff geworfen.**

In den Tagen der Wikinger wurde ein Herrscher nach seinem Tod auf seinem Schiff aufgebahrt. Dann wurde es in Brand gesetzt und aufs Meer gelenkt, damit es seine Seele nach **Walhalla** bringt, den „Himmel" der Wikinger.

Up Helly was?
Hier ist eine Erklärung:

Up bedeutet zu Ende. Es bezieht sich auf das Ende der Weihnachtszeit.

Helly ist ein altes Wort für Feiertag.

Aa soll alle bedeuten. Alle machen mit.

Frauen sind aber nicht erlaubt!
Die Variante in Lerwick ist die bekannteste von zehn Up-Helly-Aa-Feiern. Hier nehmen traditionell nur Männer teil.

Die hier folgenden anderen neun Events sind viel kleiner, aber dort nimmt man es mit der Geschlechtertrennung nicht so genau:

- Scalloway
- Nesting und Girlsta
- Uyeasound
- Northmavine
- Bressay
- Cullivoe
- Norwick
- South Mainland
- Delting

Zink-wannen-regatta

Castletown, Isle of Man, England
Juli

Dieses Bootsrennen wurde 1971 von der Castletown Ale Drinkers Society (CADS) ins Leben gerufen, um Geld für wohltätige Zwecke zu sammeln. Außerdem sollten möglichst viele Wettkämpfer klitschnass werden.

Es gibt eine Menge **Regeln:**

- Die Teilnehmer müssen mindestens 45 m **schwimmen können.**
- Sie müssen **über 16 Jahre alt** sein.
- Um eine Bergung nach dem Sinken zu vereinfachen, müssen sie eine **Boje** an einer 3 m langen Leine mitführen.
- **Paddel** können ein oder zwei Blätter haben, müssen in der Hand gehalten werden und dürfen nicht länger als 3 m und nicht an der Wanne befestigt sein.
- **Feuerwerk** ist nicht erlaubt.

Die **Zinkwannen** …

- müssen komplett **aus Metall** sein, nicht doppelwandig und nicht speziell für Regatten konstruiert worden sein;
- dürfen **nicht länger als 1,5 m** …
- und **nicht tiefer als 40 cm** sein;

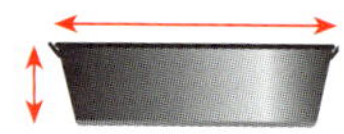

- müssen hinter dem Ruderer einen **Ausleger** befestigt haben, der
  - nur aus Holz bestehen und ca. 0,9 m lang und
  - Auftriebskörper* an beiden Enden mit einer Kapazität von max. 5 Litern haben darf.

*beispielsweise Plastik- oder Metallkanister für Flüssigkeiten oder Benzin

- Die Strecke beträgt 400 m.
- Wer zu sinken beginnt, darf weitermachen, aber es darf ihm keiner helfen.
- Gewonnen hat, wer **zuerst das Ziel** erreicht bzw. wer **vor seinem Untergang** am weitesten gekommen ist.

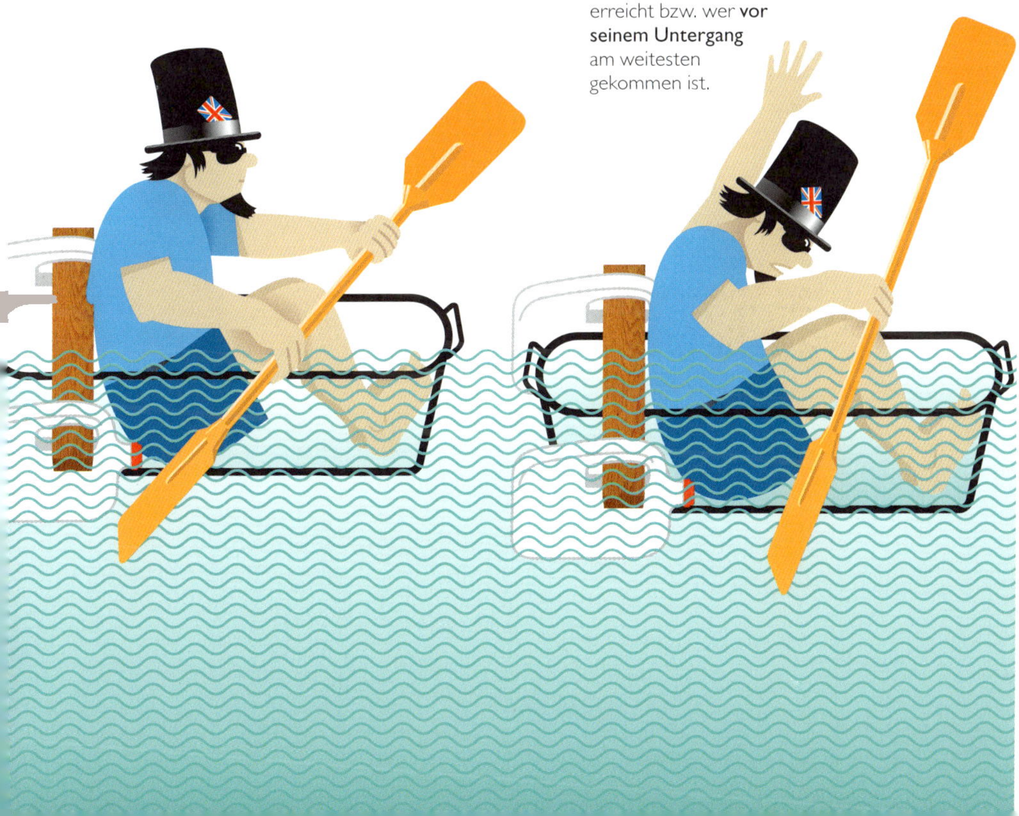

Neben dieser Weltmeisterschaft im Hafen von Castletown gibt es noch **andere Events,** bei denen man nass werden kann:

- **Flugversuche mit reinem Muskelantrieb** (S. 88). Alle scheitern grandios zur allgemeinen Erheiterung. (Man könnte dieses Event auch einfach „Alle springen in den Hafen" nennen.)
- An einem **Seil über ein Hafenbecken schwingen,** um punktgenau auf ein Schlauchboot zu springen. (Die meisten landen mit viel Spaß im Wasser.)

Gurning*-Weltmeisterschaft

Egremont, England
September

Grimassenwettbewerbe werden jährlich in vielen englischen Dörfern abgehalten. Das renommierteste findet wohl auf der Egremont Crab Fair im Lake District statt. Im Jahr 1267 verlieh König Henry III. dem Volksfest eine Royal Charter, doch die Grimassenwettbewerbe sind vermutlich nicht so alt.

Für eine **einfache Fratze** schiebt man den Unterkiefer nach vorne und legt die untere Lippe über die obere. Gute Grimassierer schaffen es, dabei auch die Nase abzudecken.

Hilfreich ist, keine Zähne mehr zu haben. Peter Jackman ließ sich alle Zähne ziehen, um seine Grimassen zu perfektionieren. So gewann er den Wettbewerb fünfmal.

Anne Woods (oben) wurde in Egremont geboren und starb dort 2015. Sie gewann den Wettbewerb der Damen 28-mal in Folge.
(nach einem Foto von John Angerson/Rex)

*__Bedeutung des Wortes *gurn* (Grimasse)__
Mögliche Erklärungen:

- Es könnte sich um ein falsch ausgesprochenes *grin* (grinsen) handeln, vielleicht aus dem schottischen Sprachraum …
- In Nordirland dagegen bedeutet *gurnin'* Weinen oder Wimmern.
- Das *English Dialect Dictionary* definiert *gurning* so: „wie ein Hund die Zähne fletschen, eine grausame Miene machen, das Gesicht verzerren".

Das Volksfest in Egremont heißt zwar Crab Fair, es geht aber nicht um *crabs* (Krabben), sondern um *crabapples* (Holzäpfel). Die sind sehr bitter. Isst man einen, zieht's einem das Gesicht zusammen.

Beim Grimassenziehen schauen die Teilnehmer durch ein **Pferdehalfter.** Das nennt man *gurnin' through a braffin.*

Welly Wanging
Gummistiefel-weitwurf

wanging = so nennt man in Yorkshire das Werfen

Upperthong, England
Ende des Sommers

Dieses Event geht zurück auf einen Streit zweier Farmer in einem Pub. Einer der beiden verschüttete Ale in den Gummistiefel des anderen. Der zog daraufhin seinen Stiefel aus, jagte den Übeltäter und warf schließlich damit nach ihm. Niemand erinnert sich, wann dies passierte oder ob überhaupt.

Die **Wurftechnik** bleibt jedem selbst überlassen: einhändig, beidhändig, durch die Beine oder rückwärts (über den Kopf).

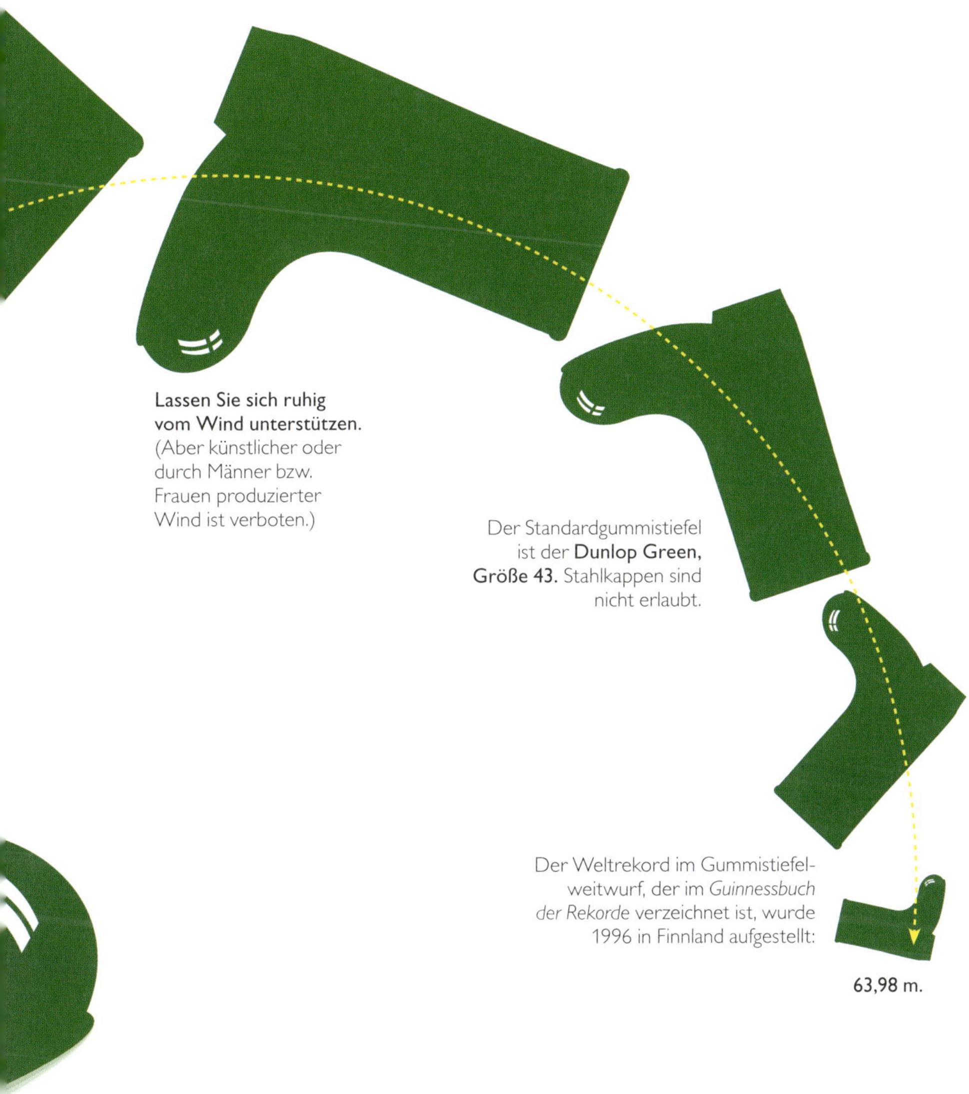

Lassen Sie sich ruhig vom Wind unterstützen. (Aber künstlicher oder durch Männer bzw. Frauen produzierter Wind ist verboten.)

Der Standardgummistiefel ist der **Dunlop Green, Größe 43.** Stahlkappen sind nicht erlaubt.

Der Weltrekord im Gummistiefelweitwurf, der im *Guinnessbuch der Rekorde* verzeichnet ist, wurde 1996 in Finnland aufgestellt:

63,98 m.

Auszüge aus dem offiziellen Regelwerk für die Welly Wanging World Championship:

- Der Sport soll möglichst zivilisiert ausgeführt werden.
- Entfernungen werden in Yard, Feet und Inch gemessen (und nicht in diesen blödsinnigen europäischen Einheiten).
- Erlaubter Anlauf: maximal 42 Schritte
- Erwachsene Gewinner erhalten eine Trophäe und den Respekt der weltweiten Gemeinschaft der Gummistiefelwerfer.

Weltmeisterschaft im Wurmbeschwören

Willaston, England
Ende Juni

In den USA ist Wurmbeschwören ein Job und dient dem Ernten von Fischködern. Aber um die Wette Würmer aus dem Boden locken? Das geschah zum ersten Mal 1980 in England. Dort brachte Tom Shufflebotham vor einem erstaunten Publikum 511 Exemplare ans Tageslicht.

Als Team treten mindestens ein **Beschwörer** und ein **Fänger** an.

Würmer reagieren auf **Vibrationen**, und das nutzen die Wettbewerber.

Mit verschiedenen Methoden locken **Beschwörer** die Würmer an die Oberfläche: Sie stecken Forken in die Erde, trommeln mit Stöcken auf den Boden, spielen auf Bongos, schalten Musikgeräte ein oder steppen gar auf einer speziellen Plattform.

Einfach ausgraben lassen sich die Tiere nicht.

Jedes Team arbeitet auf einer **Fläche von 3 m^2.**

Der **Fänger** passt auf, wo Würmer hochkommen, darf sie aber nicht zu früh herausziehen. (Halbe Würmer zählen nicht.)

Würmer reagieren auf das Gerüttel, weil es ähnlich klingt wie das Wühlen von **Maulwürfen**, ihren natürlichen Fressfeinden.

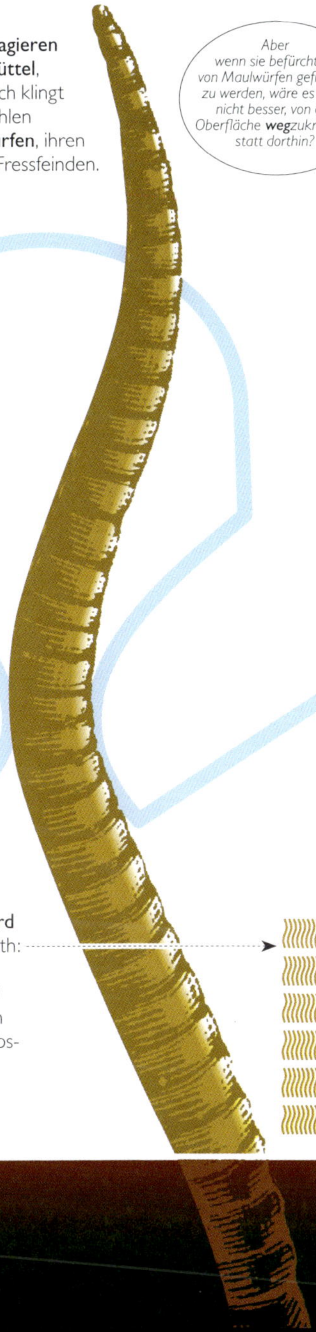

Den **Weltrekord** hält Sophie Smith: Die 10-Jährige sammelte 2009 mit ihrem Team im Wettbewerbszeitraum von 30 Minuten **567 Würmer**.

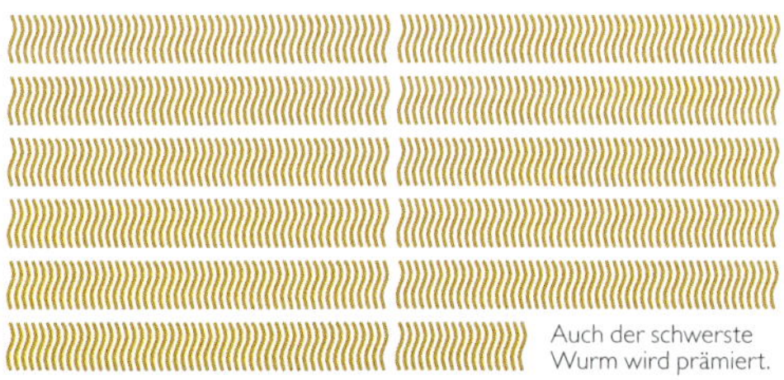

Auch der schwerste Wurm wird prämiert.

Wer ist hier verantwortlich?

Die **Internationale Föderation für Wurmbeschwörung und andere Freizeitaktivitäten** (kurz in Englisch: IFCWAP) achtet auf die Einhaltung der 18 für den Wettbewerb erlassenen Regeln. Sie trifft sich einmal jährlich.

Andere Veranstaltungen für Wurmbeschwörer:

- **Devon Worm Charming** in Blackawton in Devon, seit 1984 jährlich im Mai, hier treffen sich hauptsächlich Kinder
- **Canadian Worm Charming Championship and Festival** jeden Juni in Ontario
- **American Worm Gruntin' Festival** seit 2000 jährlich in Sopchoppy, Florida

In den USA nennt man es *gruntin'* (Wurmgrunzen), wenn man Würmer als Köder sammelt.

Weltmeisterschaft im Kohleschleppen

Gawthorpe, England
Ostermontag

Im Jahre 1963 genoss der Kohlehändler Amos Clapham mit einem Freund einen Drink im Beehive Inn*. Ein Dritter stieß zu ihnen und meinte, Clapham wirke nicht sonderlich auf der Höhe. Wenig begeistert von diesem Kommentar, forderte Amos ihn zu einem Wettrennen mit Kohlesack auf, um zu demonstrieren, dass er sehr wohl in Form sei.

1 Die Läufer bekommen Kohlesäcke auf die Schultern gelegt.

2 Sie **stellen sich** vor dem Royal Oak Pub an der Owl Lane **auf** und warten auf den Startschuss.

Männer tragen **50-kg**-Säcke.

Frauen tragen **20-kg**-Säcke.

Mit den Säcken auf den Schultern **rennen sie los.**

3 Die **Strecke** beträgt für Erwachsene (Herren und Damen) **1 km**.

Die Kinder laufen eine 150-m-Strecke, tragen aber keine Kohle.

*Offenbar sind viele Events dieses Buchs in Pubs ausgeheckt worden.

Die **Einnahmen** des Rennens werden für die **Grünflächenpflege** im Dorf und für den **Maibaum** genutzt.

Neben Spenden an das Dorf gibt es **Trophäen und Geldpreise** in allen Kategorien des Wettbewerbs.

Als Trophäe bekommt der Gewinner der Herren oder Veteranen dieses vortreffliche Objekt.

Beim Rennen sind **Coachs** erlaubt, aber nur bis zum Boot and Shoe Pub. Ab hier sind die Läufer auf sich allein gestellt.

Die Säcke müssen auf der Dorfwiese von Gawthorpe gegenüber dem Shoulder of Mutton Pub neben dem Maibaum abgeworfen werden. **Gestoppt wird der Moment, wenn der Sack aufs Gras plumpst.**

Die bisher schnellste Zeit: knapp über **4 min**.

Bog Snorkeling
Torfmoor-tauchen

Llanwrtyd Wells, Wales
letzter Montag im August

Torfmoortauchen fand zum erstem Mal 1976 in Llanwrtyd Wells (der kleinsten britischen Stadt, irgendwo mitten in Wales) statt.

Flossen erlaubt. Taucheranzüge empfohlen, einige Wagemutige (oder Dummköpfe) schwimmen auch leicht bekleidet oder gleich ganz nackt.

1985 wurde dieses Rennen erstmalig als Weltmeisterschaft bezeichnet.

Die Wettkämpfer müssen **zwei Strecken (55 m)** ohne konventionelle Schwimmbewegungen im Torfmoor zurücklegen.

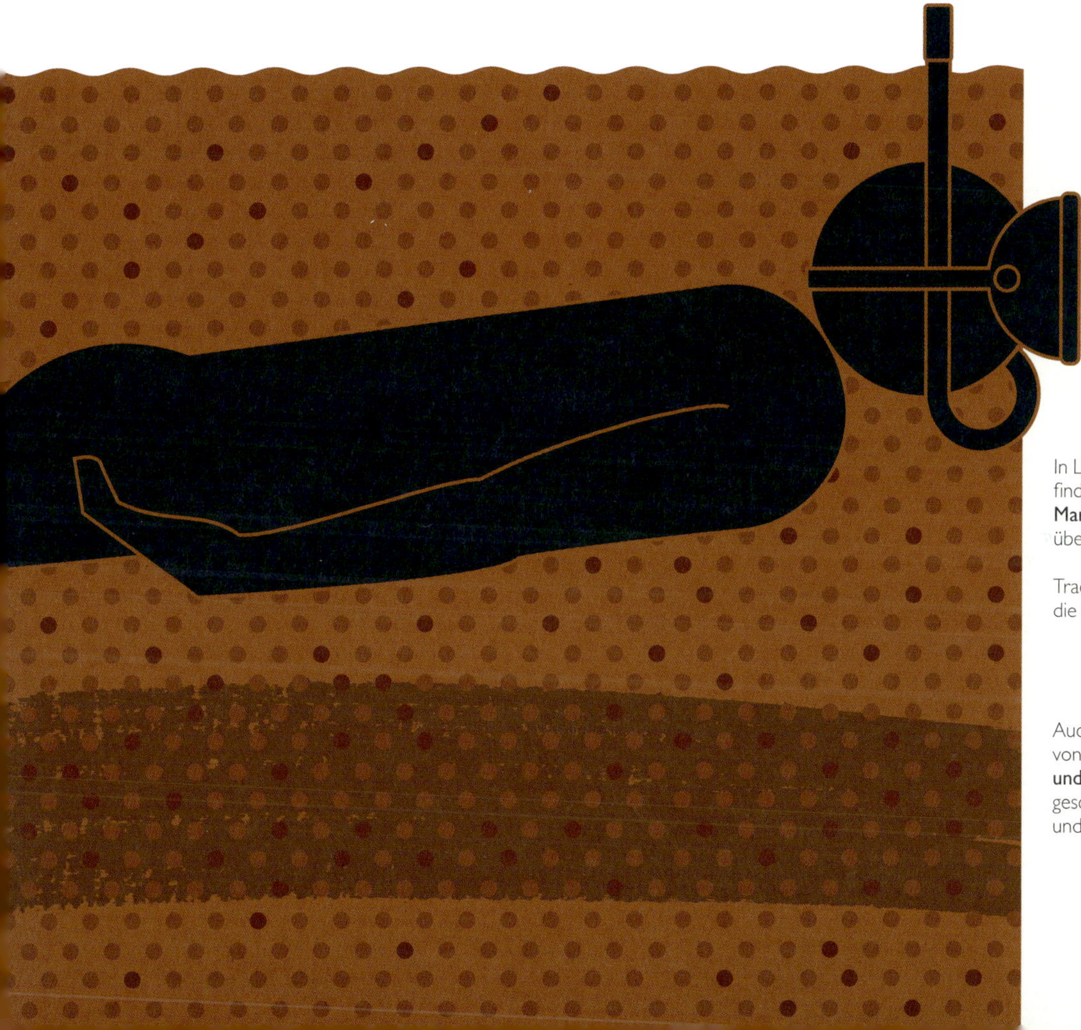

2014 gelang einer Frau mit 1:23 min die **schnellste Zeit.**

In Llanwrtyd Wells findet auch **das Rennen Mann gegen Pferd** über 35,5 km statt.

Traditionell gewinnen die Pferde.

Auch in den Torfmooren von **Australien, Irland und Schweden** wird geschwommen und getaucht.

Weltmeisterschaft im **Zehenwrestling**

Fenny Bentley,
England
Juni

1974 erfanden vier Leute in einem Pub ein Turnier, bei dem England immer siegt (wohl, weil außerhalb Englands niemand davon weiß). Zwei Jahre in Folge gewann auch ein Engländer (einer der vier Erfinder). Aber es heißt, 1976 habe ein Kanadier auf der Durchreise die Zehentrophäe errungen, woraufhin die Veranstaltung kurzerhand eingestellt wurde.*

Zehenwrestling gleicht dem Armdrücken, nur eben unter Einsatz der Zehen.

DIE REGELN

- **Schuhe und Socken werden** durch den gegnerischen Spieler ausgezogen.
- In den Vorrunden werden die **Zehen** durch eine **Krankenschwester inspiziert** und für den Wettkampf freigegeben.
- Weil es oft regnet, findet der Wettkampf im **Bentley Brook Inn** in Fenny Bentley statt.

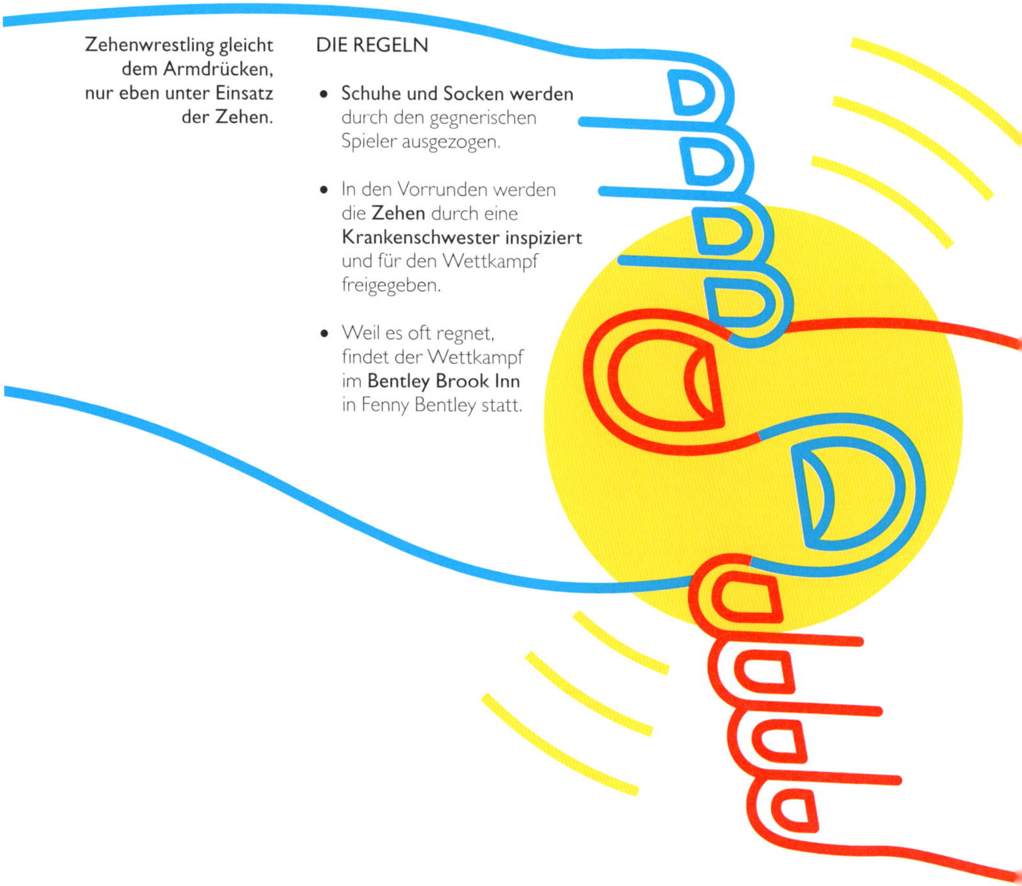

*Obwohl das Olympische Komitee sich weigert, Zehenwrestling als Sport anzuerkennen, wurde **das Ereignis in den letzten Jahren wieder sehr populär.**

DAS EVENT

- **Jeweils zwei Wettstreiter begegnen sich im Toedium.**
- Die Runde beginnt, sobald der Schiedsrichter ***„Toes away!“*** ruft. Die Kämpfer verschränken die Zehen und versuchen, den gegnerischen Fuß drei Sekunden lang an die Seitenwand zu drücken.
- **Über** jeden Kampf entscheidet der **beste von drei Durchgängen.** Zuerst wird mit dem rechten großen Zeh gekämpft, dann mit dem linken und schließlich bei Bedarf noch einmal mit dem rechten.

- Herren und Damen treten in getrennten Meisterschaften gegeneinander an.
- Zu den Topkämpfern gehören Paul „Toeminator“ Beech und Alan „Nasty“ Nash.

Der Sieger erhält eine **passend geformte Trophäe.**

Hare Pie Scramble and Bottle Kicking

Hallaton & Medbourne, England
Ostermontag

Eine Hasenpastete (oder eine andere Art von Fleischpastete) wird an die Bewohner von Hallaton ausgegeben, die sich buchstäblich schlagen, um ein Stück zu ergattern. Im Gegensatz zu der Pastete – diese gibt es *wirklich* – finden sich keine Flaschen, die getreten werden könnten.

Auch diese englische Tradition ist irreführend benannt (in Deutsch etwa: Schlacht um die Hasenpastete und Flaschentreten) und vermutlich heidnischem Ursprungs.*

1

DER HASE
Morgens wird ein **Hasenzeremonienstab** (und die Pastete) in einer Parade **durch das Dorf Hallaton getragen.**

2

DIE PASTETE
Seit 1770 erhalten die Bewohner des Dorfes eine Pastete sowie Brot und Bier.**

3

PASTETE FÜRS VOLK
Erreicht die Prozession die Kirche, wird die Pastete **gesegnet** und **in die Menge gegeben.** Das Gerangel beginnt. Hat jeder sein Stück, wandert die Prozession zum nahen Hügel **Hare Pie Bank** (wörtlich: Hasenpastetenberg) weiter.

4

DIE FLASCHEN

Genau genommen handelt es sich um 5-kg-**Bierfässer.** In einem Spiel über drei Sätze wird je ein Fass über den konkurrierenden Teams aus Hallaton und **Medbourne** (etwa 1,5 km entfernt) in die Luft geworfen. Es folgt eine Art Rugby Scrum zwischen etwa 100 Dörflern.

Zwei der Fässer sind mit Bier gefüllt. Das dritte ist aus massivem Holz, bemalt mit roten, weißen und blauen Streifen.

5

FLASCHENTRETEN

Das Ziel beider Mannschaften ist, sich das Fass zu erkämpfen und es **von Hare Pie Bank zurück ins eigene Dorf zu tragen.**

Wer als **Erster zwei Fässer erkämpft,** gewinnt. Das Spiel kann Stunden dauern.

(Aber getreten werden die Fässer/Flaschen eigentlich nicht.)

***Heidnischer Ursprung?** Vom Hare Pie and Bottle Kicking Festival wurde erstmalig 1770 berichtet. Womöglich stammt es noch aus vorchristlichen Zeiten, als man **der Göttin Ostara Hasen opferte.**

Die Einheimischen erzählen folgende Geschichte: **Ein Stier wollte zwei Frauen aus Hallaton angreifen, wurde aber **von einem Hasen abgelenkt.** Zum Dank spendeten die Frauen der Kirche Geld und legten fest, dass im Dorf jeden Ostermontag Hasenpastete, Brot und Bier verschenkt werden sollen. **Einmal stahlen die Bewohner Medbourns das Bier, und so entstand der dörfliche Wettstreit.**

Conker-Weltmeisterschaft

Southwick, England
zweiter Sonntag im Oktober

Das erste bestätigte Conkers-Spiel fand 1848 statt, aber die moderne Version wurde erstmalig 1965 nach einem Gespräch einiger Angler in einem Pub nahe des englischen Ortes Oundle gespielt. Sie waren frustriert, da ihr Trip wegen Regens ausfallen musste. Seit 2009 wird das Event im Pub Shuckburgh Arms abgehalten.

VORBEREITUNG

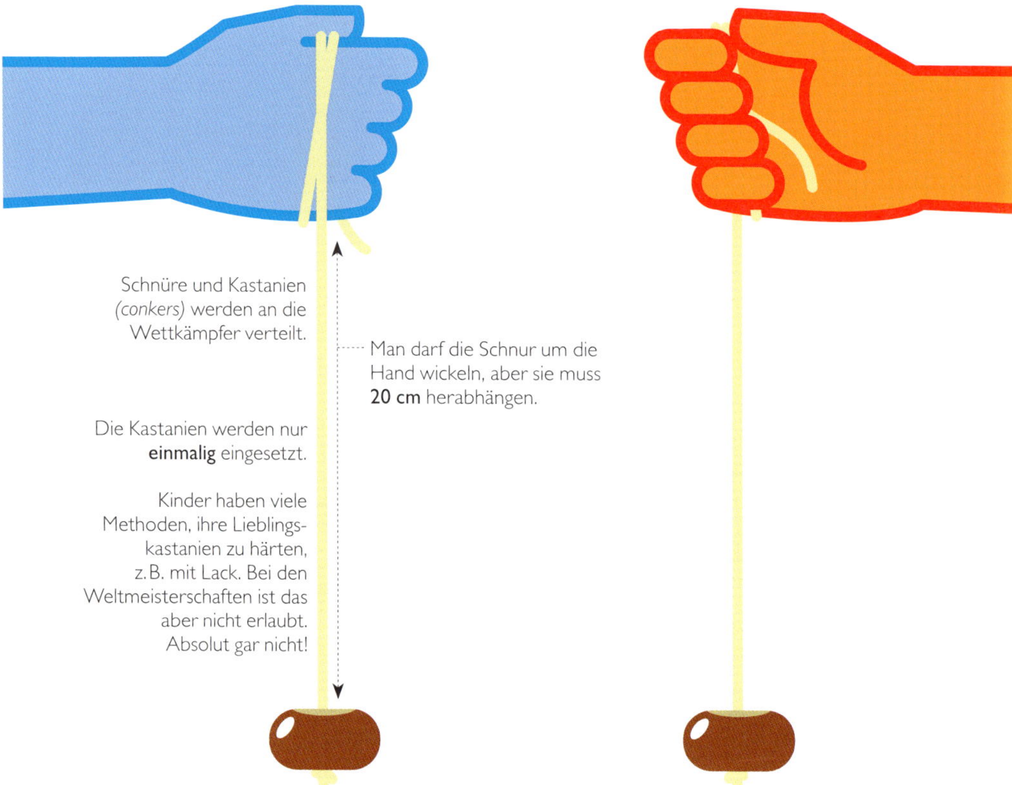

SPIELZEIT

1. Jeder Spieler darf gegen die Kastanie des Gegners **neun Würfe** ausführen. Ziel ist es, diese zu zerbrechen. Per Münzwurf wird entschieden, wer beginnt.
2. **Der erste Spieler bekommt die ersten drei Würfe.** Dann ist der Gegner mit dreien dran. So geht es weiter, bis beide ihre neun Würfe hatten, **außer …**
3. eine Kastanie zerkracht. Damit ist das Spiel vorbei.

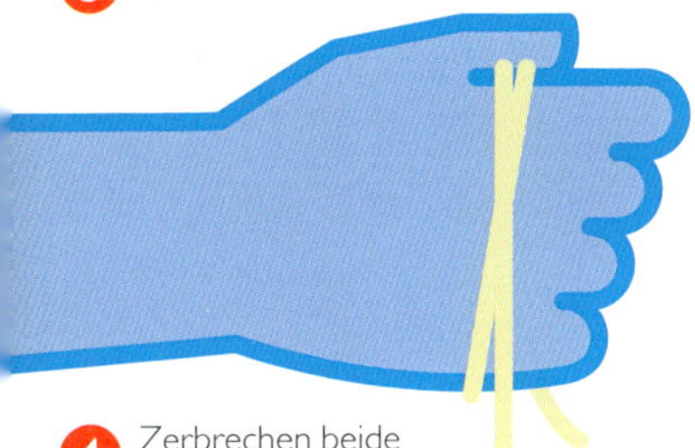

4. Zerbrechen beide Kastanien, gibt es eine **Wiederholung.**
5. Dauert ein Spiel länger als **5 min,** bekommt jeder neun weitere Würfe, die abwechselnd in Dreierblöcken ausgeführt werden.
6. Ist es immer noch nicht entschieden, gewinnt der Spieler mit den **meisten Treffern.**
7. Nachdem alle Teilnehmer gespielt haben, wird der Gewinner auf dem **Kastanienthron** mit Kastanien gekrönt.

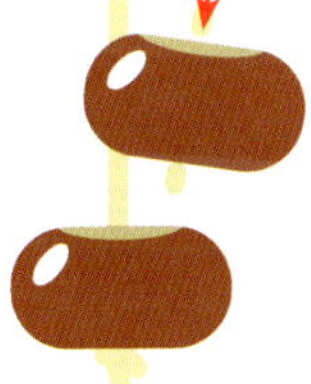

Schleudert man die Kastanie **von oben herab,** schafft man es wohl am ehesten, die des Gegners zu zerbrechen. Manche Wettkämpfer schleudern von unten nach oben oder kreisförmig von der Seite.

Auf keinen Fall darf man absichtlich die eigene Schnur um die des Gegners wickeln. Das nennt man ***snagging*** (hängen bleiben), und wem das dreimal passiert, wird disqualifiziert.

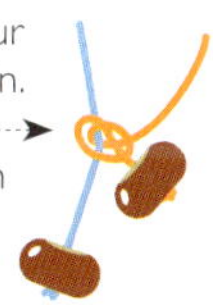

Conkers (in den USA ***buckeyes*** genannt) wachsen auf Rosskastanien.

Rosskastanien erhielten ihren Namen, weil sie Pferdefutter als Aufputschmittel beigemischt wurden und für glänzendes Fell sorgten.

Einer der Angler von 1965 hatte Augenprobleme. Also wurde bei diesem allerersten Treffen beschlossen, dass jegliches durch dieses Event (und nachfolgende) erwirtschaftete Geld an wohltätige Organisationen für **Blinde und Sehbehinderte** gehen sollte.

Die Meisterschaften werden auch von **Blindenhundvorführungen** und anderen Attraktionen begleitet.

Weltmeisterschaft im Schneckenrennen

Congham, England
Juli

Seit den 1960er-Jahren findet die Weltmeisterschaft im Schneckenrennen in Congham auf dem örtlichen Cricketfeld statt. Etwa 400 leidenschaftliche Hobbymalakologen (Weichtierexperten) versammeln sich bei diesem oft feuchten Wettkampf. Aber Schnecken lieben Feuchtigkeit. Also ist es nicht schlimm, wenn es etwas regnet.

Ein runder Tisch bildet die **Rennstrecke.** Darauf liegt ein feuchtes Tuch mit zwei roten Kreisen.

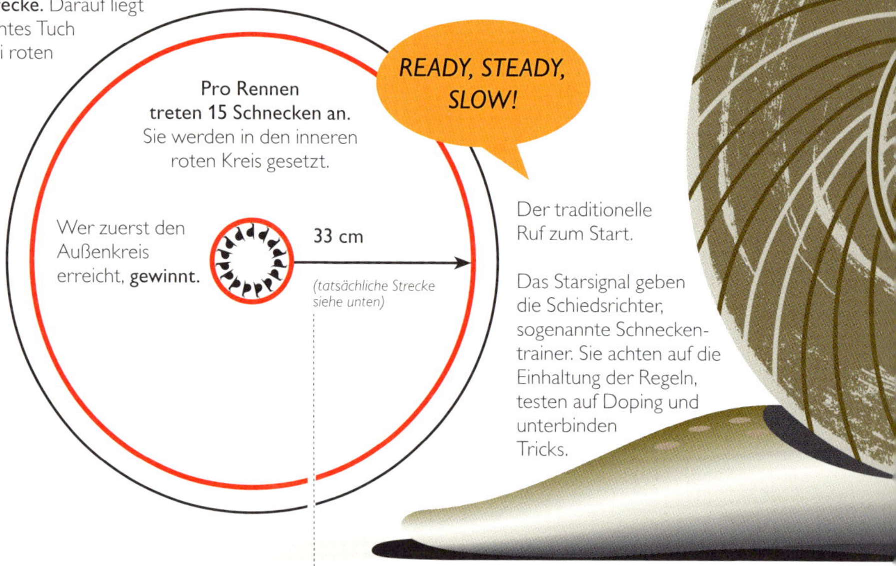

Der traditionelle Ruf zum Start.

Das Starsignal geben die Schiedsrichter, sogenannte Schneckentrainer. Sie achten auf die Einhaltung der Regeln, testen auf Doping und unterbinden Tricks.

Dies ist die tatsächliche Strecke, die die Schnecken kriechen.

Die Startnummern werden den Teilnehmern direkt auf das Schneckenhaus gemalt oder mit einem Papierstück aufgeklebt.

Etwa **200 Schnecken nehmen teil**. Nachmittags finden die Ausscheidungskämpfe statt und später dann das Finale.

Ausländische Riesenschnecken sind nicht zugelassen, nur die **Gefleckte Weinbergschnecke** *(Helix aspersa)*. Sie hat eine Lebenserwartung von drei bis vier Jahren.

Die langen Tentakel sind augenähnliche Lichtsensoren, …

die kurzen sind die Geruchs- und Tastsensoren.

Und Schnecken sind **essbar** … das weiß jeder, der schon einmal *escargots* bestellt hat.

Die Besitzer achten sehr auf die Ernährung ihrer Athleten. Sie besteht hauptsächlich aus **Salat**.

Passenderweise erhält der Sieger als Trophäe einen Krug gefüllt mit Salatblättern.

---➤ Den **Weltrekord mit 2 min in 20 sek** hält seit 1995 Schneckerich Archie. (oben: Archie in **Lebensgröße**)

Dwile Flonking*

mehrere Dörfer in Norfolk und Suffolk, England
Sommer

Das erste Dwile Flonking wurde 1966 beim Sportfestival in Beccles dokumentiert. Die Ursprünge werden durch eine konfuse (und wohl erfundene) Story über ein auf einem Dachboden gefundenes Dokument verschleiert, das die Regeln enthält. Aber wen kümmert's? Die Regeln für diesen albernen, bierseligen Spaß werden sowieso von allen angefochten.

**dwile* = eine Art Aufnehmer
flonking = entweder altertümliche Form von *flinging* (werfen) oder Old English Ale

Zwei Teams treten gegeneinander an. Das erste tanzt händchenhaltend im Kreis um einen Teilnehmer des gegnerischen Teams, der versucht, die Tänzer mit einem biergetränkten Mopp zu bespritzen.

Den **Kreistanz** nennt man ***girting.*** Ein Spiel besteht aus vier *snurds.* (Bei jedem der *snurds* ist ein Team mit *girting* dran.)

Der Mann in der Mitte (der **Flonker**) hält den ***driveller*** (ein kurzer Stock aus Haselnuss oder Eibe). Ans Ende des *drivellers* steckt man den ***dwile.*** Der Flonker taucht den *dwile* in den Eimer mit Bier und dreht sich dann in Gegenrichtung der Tänzer, bevor er ihn schleudert.

Matisse fühlt die Inspiration.

Punktvergabe

- **Drei Punkte:** direkter Treffer auf den Kopf eines Girters, (***wanton*** genannt)
- **Zwei Punkte:** Treffer gegen den Körper ***(morther*** oder ***marther)***
- **Ein Punkt:** Beintreffer ***(ripple*** oder ***ripper)***
- Verfehlt der *dwile* sein Ziel komplett, nennt man das einen ***swadger*** oder ***swadge.***
- Bei einem *swadger* muss der Flonker aus einem ***gazunder*** (Pisspott) Ale trinken, und die Tänzer singen ***„Pot, Pot, Pot“.***
- Für jedes Teammitglied, das am Ende des Spiels noch nüchtern sein sollte, wird ein Punkt abgezogen. Das Team mit den **meisten Punkten** gewinnt.

Weltmeisterschaft im Erbsen-schießen

Witcham, England
2. Samstag im Juli

1971 erwischte John Tyson, der Rektor der Dorfschule von Witcham, einige Schüler dabei, wie sie einander mit Blasrohren beschossen. Da kam er auf die Idee, dass ein Schießwettbewerb vielleicht eine gute Idee sei, Geld für den Dorfsaal zu sammeln.

Die **Blasrohre** können aus beliebigem Material bestehen, müssen aber 30 cm lang sein.

Die „Erbsen" sind eigentlich getrocknete **Ahornsamen,** denn mit Trockenerbsen lässt sich aufgrund ihrer unregelmäßigen Form nicht gut schießen. Im Wettbewerb verwendete „Munition" muss einen Durchmesser von 5,5 mm aufweisen.

In der ersten Runde bläst jeder fünf der offiziell zugelassenen Projektile. Wer die meisten Punkte macht, geht in die K.-o.-Runde, bis der Sieger deklariert wird.

Kinder bis zu sieben Jahren stellen sich **2,5 m** vom Ziel entfernt auf.
Wer zwischen acht und zehn Jahre alt ist, nimmt 3 m Abstand.

Erwachsene schießen aus **4 m** Entfernung.

* Es lohnt sich, Gummistiefel mitzubringen, sollte sich England an das boshafte Gerücht halten, es würde dort immer regnen (siehe auch **Gummistiefelweitwurf**, S. 58).

Einige bringen mehr als nur ein einfaches Blasrohr als **Ausrüstung** mit. Im Jahr 2000 entwickelte ein Experte für Flugelektronik aus der nahe gelegenen US-Air-Force-Basis ein **Laservisier.** Zuerst waren die Dörfler entsetzt über diese Idee, freundeten sich aber schließlich damit an.

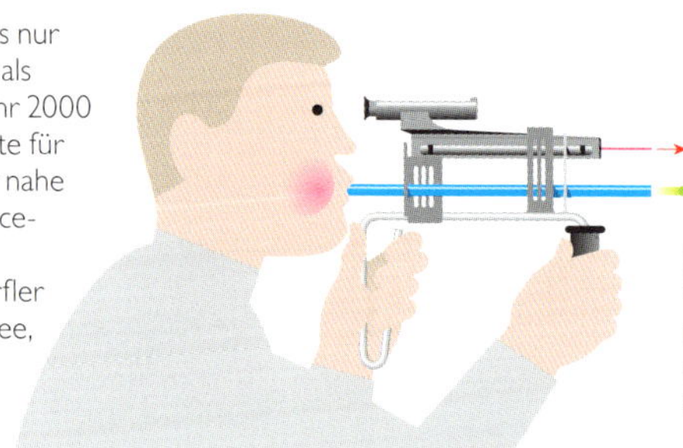

(Dennoch schießen die meisten Wettstreiter weiterhin mit traditionellen Blasrohren und sind damit ebenso erfolgreich wie ihre technisch aufgerüsteten Kollegen.)

Die meisten Teilnehmer kommen aus der Gegend, aber das Event zieht auch Schützen aus **Australien**, **Neuseeland** und den **USA** an.

Bei den offenen Wettkämpfen darf jeder mitmachen, egal wie alt oder welches Geschlecht.

Außerdem gibt es Turniere nur für Frauen und Kinder.

Das **Ziel** sind drei Ringe aus einer Art Knetmasse. Die Erbsen bleiben entweder stecken oder hinterlassen Vertiefungen, sodass man leicht erkennen kann, wo sie getroffen haben. Je näher an der Mitte, desto mehr Punkte gibt es.

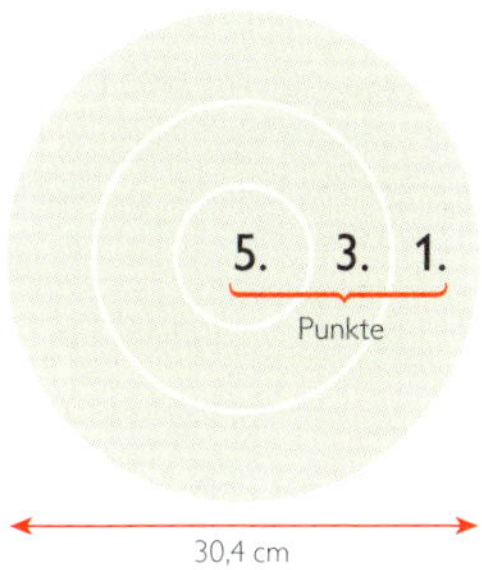

Rasenmäher-wettrennen

überall in England
Mai bis Oktober

Auch dieser Sport wurde nach ein paar Bierchen ausgeheckt! Man schrieb das Jahr 1973, es war in Wisborough Green (Sussex).

Das Motto der Britischen Gesellschaft für Rasenmäherrennen (kurz in Englisch BLMRA) ist: *per herbam ad astra,* (Vom Gras zu den Sternen). Man verzichtete von Anfang an auf Sponsoren, Kommerzialisierung, Geldpreise und das Tunen der Rasenmähermotoren.

Die BLMRA teilt die Rennrasenmäher in **vier Gruppen** und bietet in jeder Klasse Einzelevents an.

GRUPPE **4**
Motorgetriebene Rasentraktoren bis zu 18 PS mit sichtbarer Motorhaube

GRUPPE **3**
Motorgesteuerte Aufsitzrasenmäher bis 18 PS ohne sichtbare Motorhaube

GRUPPE **2**
Walzengetrieben mit angehängtem Fahrersitz
(wird mit den Füßen gesteuert)

GRUPPE **1**
Diesen Rasenmähern rennt man hinterher
(sehr anstrengend)

Höchstgeschwindigkeit
So schnell, wie Sie rennen können!

Gruppe 1 ist nicht mehr so populär wie früher. Die BLMRA hofft, dass Rennfahrer sich mal wieder auf die Socken machen und selbst laufen. (Sturzhelme sind optional, sehen aber toll aus.)

Höchstgeschwindigkeit
80 km/h

Höchstgeschwindigkeit
80 km/h

Durchschnitts-
geschwindigkeit
40–55 km/h

Die BLMRA organisiert die Saison hindurch Rennen überall im Land: auf Jahrmärkten, County Shows und anderen Events. Die drei Erstplatzierten erhalten **Punkte**, die wie bei echten Autorennen im Saisonverlauf addiert werden. Die Champions deklariert man am Saisonende.

Regeln
Sind sehr streng. Alle dürfen mitmachen, aber wer in den Gruppen 3 und 4 antreten will, muss seinen Mäher **„homologieren“** (auf Teilnahmeberechtigung inspizieren) und auf Sicherheit prüfen lassen **(Schneidblätter müssen z. B. entfernt werden).**

Internationale Rennen
In der Vergangenheit organisierte die BLMRA Rennen in **Frankreich, Simbabwe, Irland, Luxemburg, Belgien, Finnland** und den **USA.** In **Luxemburg** und **Belgien** finden regelmäßig Rennen statt, zu denen oft auch britische Teilnehmer antreten.

Die Boxencrew ist sehr wichtig, denn **unweigerlich geht irgendwas kaputt.** (Rasenmäher sind nicht für 12-stündiges Nonstopmähen, geschweige denn *-rennen* gebaut!)

HÄRTETEST
Das August-Rennen in Five Oaks, Billingshurst, ist das mörderischste der ganzen Saison. Bei diesem **12-stündigen Event** treten Fahrer der Gruppen 4, 3, und 2 an und fahren zwischen **16 Uhr und 8 Uhr des Folgetages** so viele Runden wie möglich.

Pustöckchen-Weltmeisterschaft

Witney, England
Juni

1928 beschrieb der Kinderbuchautor A. A. Milne in seinem Buch *Pu baut ein Haus* (dem Nachfolger von *Pu der Bär* aus dem Jahr 1926), wie Pu das Spiel Pustöckchen erfindet.

Die erste offizielle Version des Spiels wurde 1984 an der Day'sLock Schleuse in der Themse gespielt, um Geld für wohltätige Zwecke zu sammeln. Seit 2015 wird die Meisterschaft in Witney ausgerichtet.

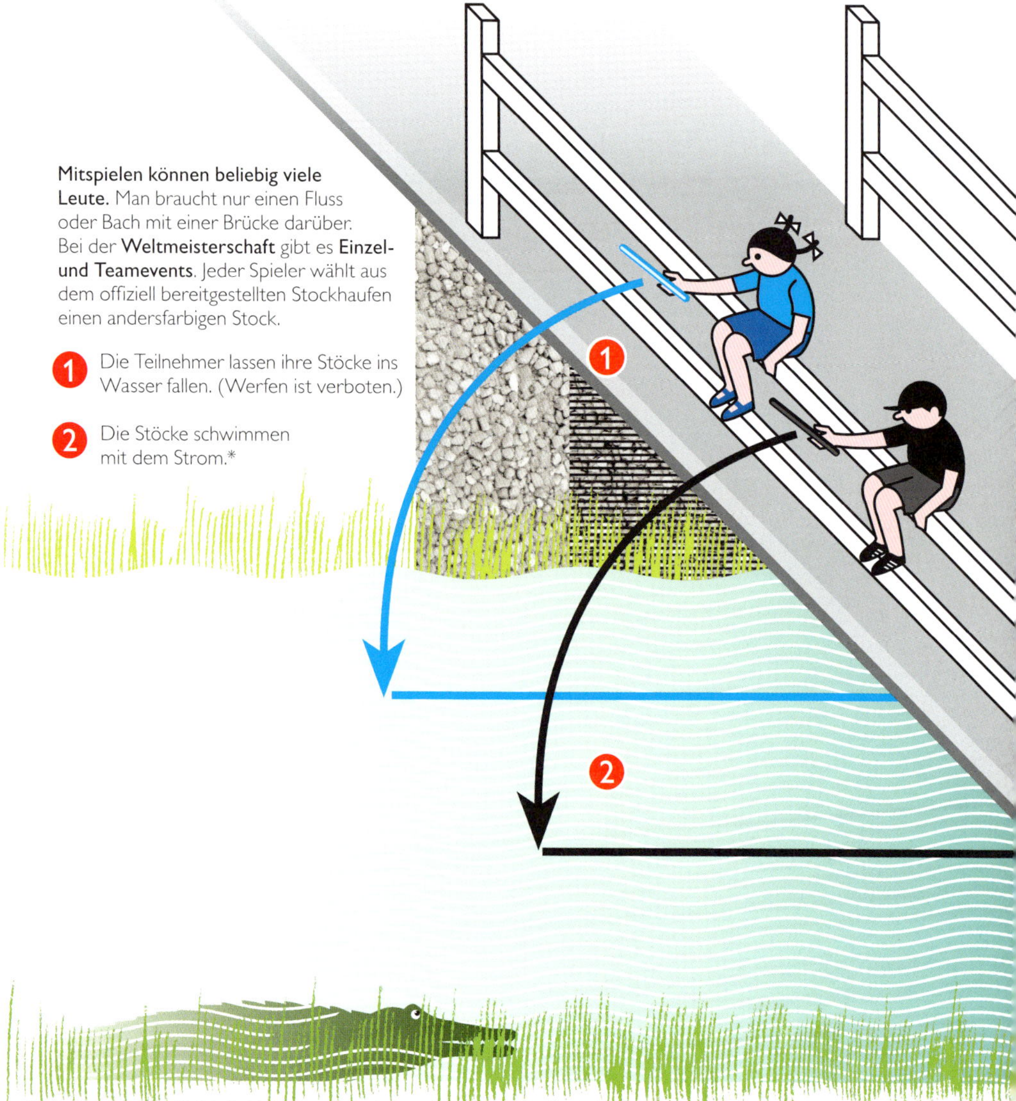

Mitspielen können beliebig viele Leute. Man braucht nur einen Fluss oder Bach mit einer Brücke darüber. Bei der **Weltmeisterschaft** gibt es **Einzel- und Teamevents**. Jeder Spieler wählt aus dem offiziell bereitgestellten Stockhaufen einen andersfarbigen Stock.

1. Die Teilnehmer lassen ihre Stöcke ins Wasser fallen. (Werfen ist verboten.)
2. Die Stöcke schwimmen mit dem Strom.*

* In England wahrscheinlich kein Problem; könnte aber eines werden, sollten Sie das Spiel in Florida spielen wollen.

3 Die Spieler **eilen auf die andere Seite der Brücke,** um zu sehen, welches Stöckchen zuerst erscheint.

4 **Blau** schlägt in dieser Runde Schwarz.

5 Bei der **alternativen Version** von Pustöckchen platziert man eine Markierung ein Stück flussabwärts. Wessen Stöckchen zuerst daran vorbeischwimmt, gewinnt.

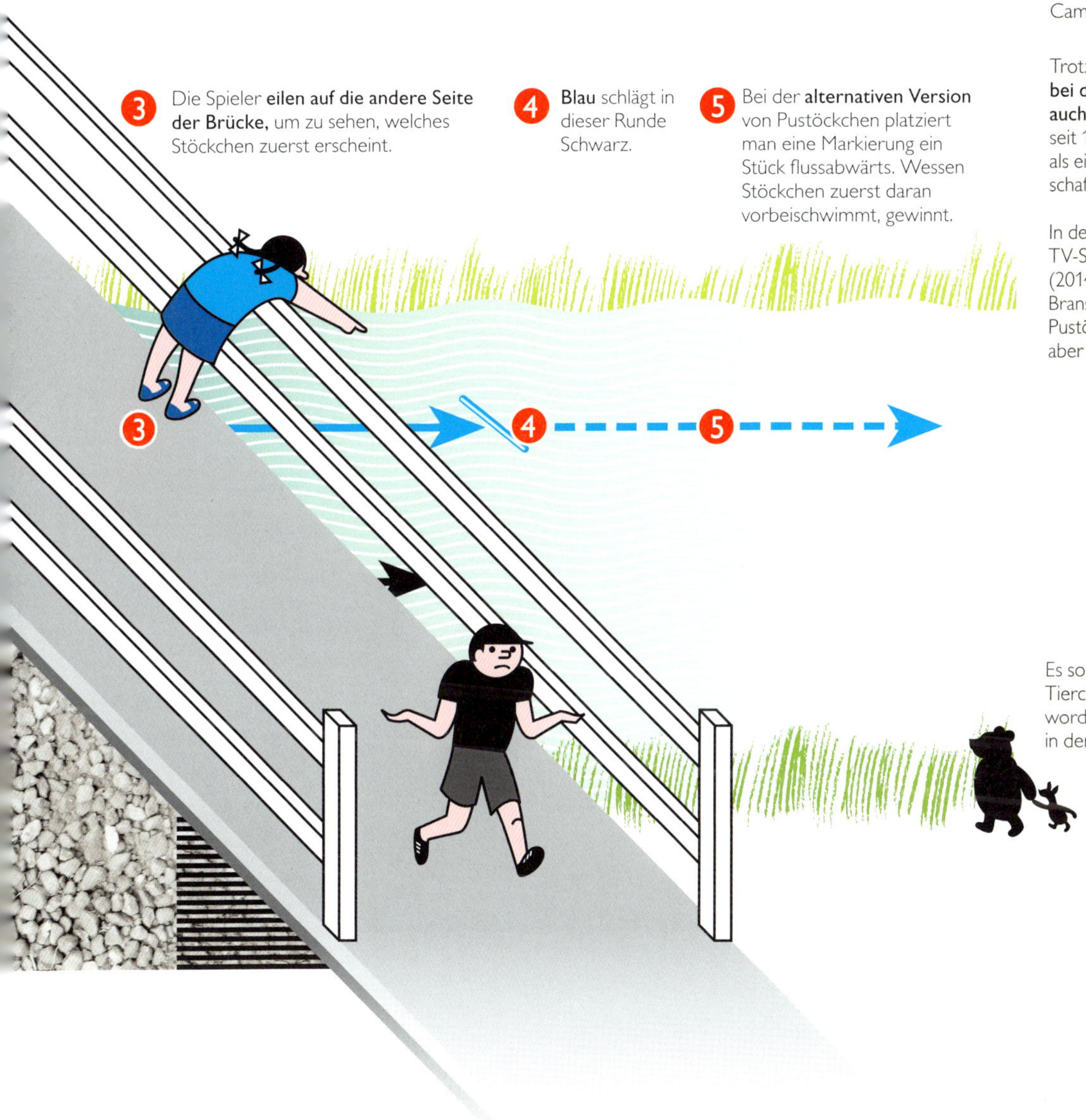

Mehr über Pu:

Pustöckchen-Gesellschaften gibt es sowohl an der Uni in Oxford als auch in Cambridge.

Trotz der Behauptung, **bei dem Spiel gehe es auch um Geschick,** hat seit 1984 niemand mehr als einmal die Meisterschaft gewonnen.

In der fünften Staffel der TV-Serie ***Downton Abbey*** (2014) spielen Tom Branson und Sybil Crawley Pustöckchen, nennen es aber nicht so.

Es sollen auch kleine Tierchen gesichtet worden sein (zumindest in der Fantasie).

Schienbeintreten
bei den Cotswold Olimpicks

Dover's Hill, Chipping Campden, England
Juni

1612 initiierte Robert Dover die Cotswold Olimpick Games (auch als die Dover's Games bekannt). Sie wurden bis 1862 abgehalten und dann wegen Grenzstreitigkeiten auf Eis gelegt.

Seit 1951 wurden sie nur gelegentlich ausgeführt. Besonderes Interesse erzielten sie zu den Olympischen Spielen 2012 in London.

Das **Schienbeintreten gehörte** vor etwa 400 Jahren **zu den ersten Disziplinen bei den Cotswold Olimpicks.** Bei der heutigen Version der Spiele ist es immer noch der größte Publikumsmagnet.

Der Schiedsrichter wird **Stickler*** genannt – und trägt deswegen auch einen Stock (in Englisch *stick*). Wenn er seinen Stock zwischen zwei Kämpfer hält, dürfen diese nicht zutreten.

DIE REGELN

- Die Teilnehmer bekommen **weiße Mäntel,** die die traditionellen Schäferkittel repräsentieren.
- Alle müssen **lange Hosen** tragen.
- **Man darf seine Schienbeine polstern** – Stroh liegt bereit.
- Als Schuhe sind **Turnschuhe oder Stiefel ohne Stahlkappen** erlaubt. Stiefel werden geprüft.
- Die Vorrundengegner werden **ausgelost;** Gewinner kommen ins Finale.
- Die Kämpfe beginnen, indem sich die Teilnehmer mit gestreckten Armen an Schultern oder Revers festhalten.
- Der Stickler gibt das Signal zum Start.
- Bevor man jemanden **umwerfen oder die Beine wegtreten** kann, muss erst vors Schienbein getreten werden.
- **Der beste von drei Würfen gewinnt.** (Oder der Gegner ruft: **„Es reicht!"**)

*Man sagt, dass daher die Redewendung *a stickler for the rules* stammt (etwa: pedantisch die Regeln einklagen).

Weitere Wettbewerbe bei den **Cotswold Olimpicks** sind u. a. **Tauziehen, Vorschlaghammerwerfen** und **Spurning the Barre.** (Letzteres gleicht dem schottischen Baumstammwerfen, bei dem riesige Männer sehr schwere, lange Stämme möglichst weit werfen, indem sie sie über das kurze Stammende kippen und dann von sich stoßen.)

Cooper's Hill Wake
Käserennen

Brockworth, England
letzter Montag im Mai

Oh, diese schrägen Engländer! In Brockworth wird seit dem 15. Jahrhundert Käse den Cooper's Hill hinabgerollt.

(Angeblich gab es das schon bei den Römern.)

Die **Teilnehmer** stellen sich in einer Linie auf dem Hügel auf.

Der Official Roller schubst den Käse den Hügel hinunter, einige Sekunden später rennen alle los.

Der Käse war früher ein 4 kg schwerer Gloucester-Käselaib.

Der echte Käse rollte manchmal unter die Zuschauer und wurde deswegen 2013 durch einen leichteren aus Schaumstoff ersetzt.

Der Hügel ist *wirklich* steil; dieser Teil ist von oben nicht einsehbar.

Beim Herabrollen **erreicht der Käse eine Geschwindigkeit von bis zu 112 km/h.**

Wegen der Verletzungsgefahr für Zuschauer und Läufer wurde diese Veranstaltung **2010 offiziell ausgesetzt.** Dennoch findet sie inzwischen wieder regelmäßig statt. Jedes Jahr kommen etwa 4.000 Zuschauer.

Es gibt sieben Rennen:

- 1. Downhill Herren
- Uphill Jungs bis 14
- 2. Downhill Herren
- Uphill Mädchen bis 14
- Downhill Damen
- Gemischtes offenes Uphill
- 3. Downhill Herren

Jeder kann ohne Startgeld mitmachen.

Der Käse
Früher wurde er gerollt, heute ist er der Preis. Seit 1998 stellt Diana Smart den Double-Gloucester-Käse aus der Milch ihrer Holsteiner, Gloucester und Schweizer Braunkühe her. Als Einzige macht sie den klassischen Double Gloucester weiterhin per Hand (und natürlich ist er köstlich).

Warum *double*?
Der Käse wird aus Vollmilch vom **morgendlichen und abendlichen Melken** hergestellt. Nach Zugabe eines Farbstoffs reift er mindestens sechs Monate.

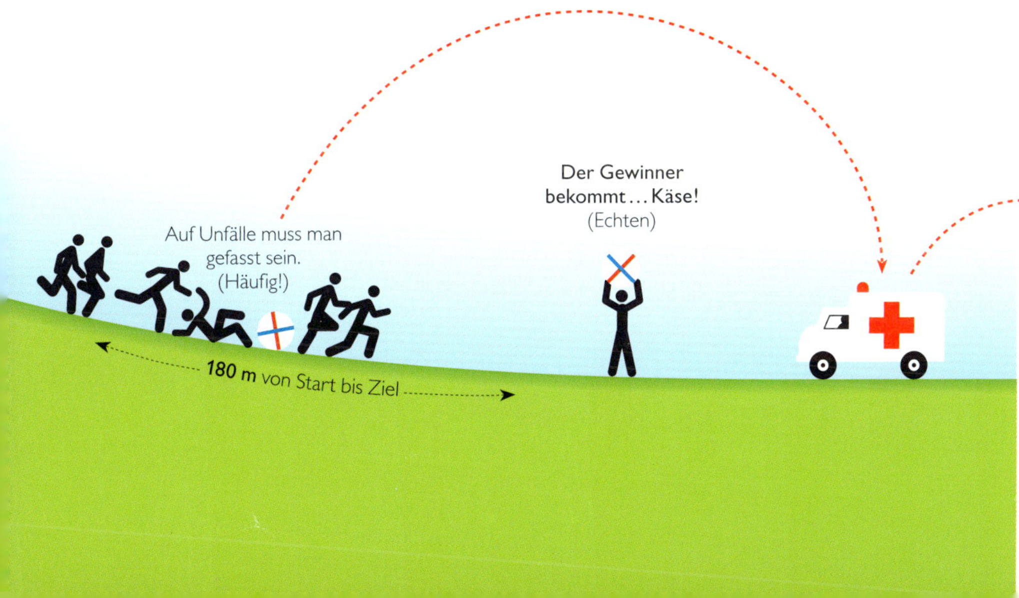

Vorsicht!
Die Behörden von Gloucestershire stellen Warnschilder an die Straßen zum Cooper's Hill, um alle Besucher und Teilnehmer vor möglichen Gefahren zu warnen.

Twelfth Night Holly Man

Raunächtefest

London, England
Anfang Januar*

Die Raunächte (auch: Zwölf Nächte) werden in aller Welt gefeiert. Doch in England wird Tradition gerne mit Skurrilem aufgewertet. Dazu rudern Freiwillige den Holly Man im Kutter *Trinity Tide* über die Themse nach Bankside in die Nähe von Shakespeares Globe Theatre.

Der **Holly Man** (auch **Green Man** genannt) erscheint auf vielen Pubschildern und ist ein Wesen der heidnischen Mythologie. Im Winter trägt er Ilex und Immergrün.

Zusammen mit dem Londoner **Stadtschreier** bringt der **Holly Man** einen Toast auf die Menschen, den Fluss und das Theater aus und will damit das Wachstum bestärken.

*Traditionell feiert man die Raunächte **12 Tage nach Weihnachten** am 5. oder 6. Januar, je nachdem, ob in der Region vom Heiligabend oder 25. Dezember an gezählt wird. In London nimmt man es nicht so genau und feiert irgendwann Anfang Januar.

Nach den Toasts wandern alle zum Bankside-Pier, wo **Mummer** (Schauspieler) ein traditionelles Spiel über den englischen Schutzheiligen St. Georg aufführen.

Am Ende des Stücks werden **spezielle Kuchen** verteilt. In zwei Kuchen sind **eine Bohne und eine Erbse** versteckt. Wer sie findet, wird zum **König** bzw. zur **Königin** des Tages ernannt. Mit seiner Königin leitet der König die Menge in einer Straßenprozession zum **George Inn,** wo man sich Geschichten erzählt, den Wunschbaum küsst und viel tanzt und trinkt.

Bognor Birdman
Fliegende Menschen

Bognor Regis,
England
September

Im Jahr 1971 wollten einige begeisterte Spinner fliegen und sprangen von dem Steg der Rettungsstation im südenglischen Selsey. Von dort zog die Veranstaltung 1978 an den Pier von Bognor Regis (ca. 10 km östlich von Selsey) und ist seither Teil der jährlichen Regatta von Bognor.

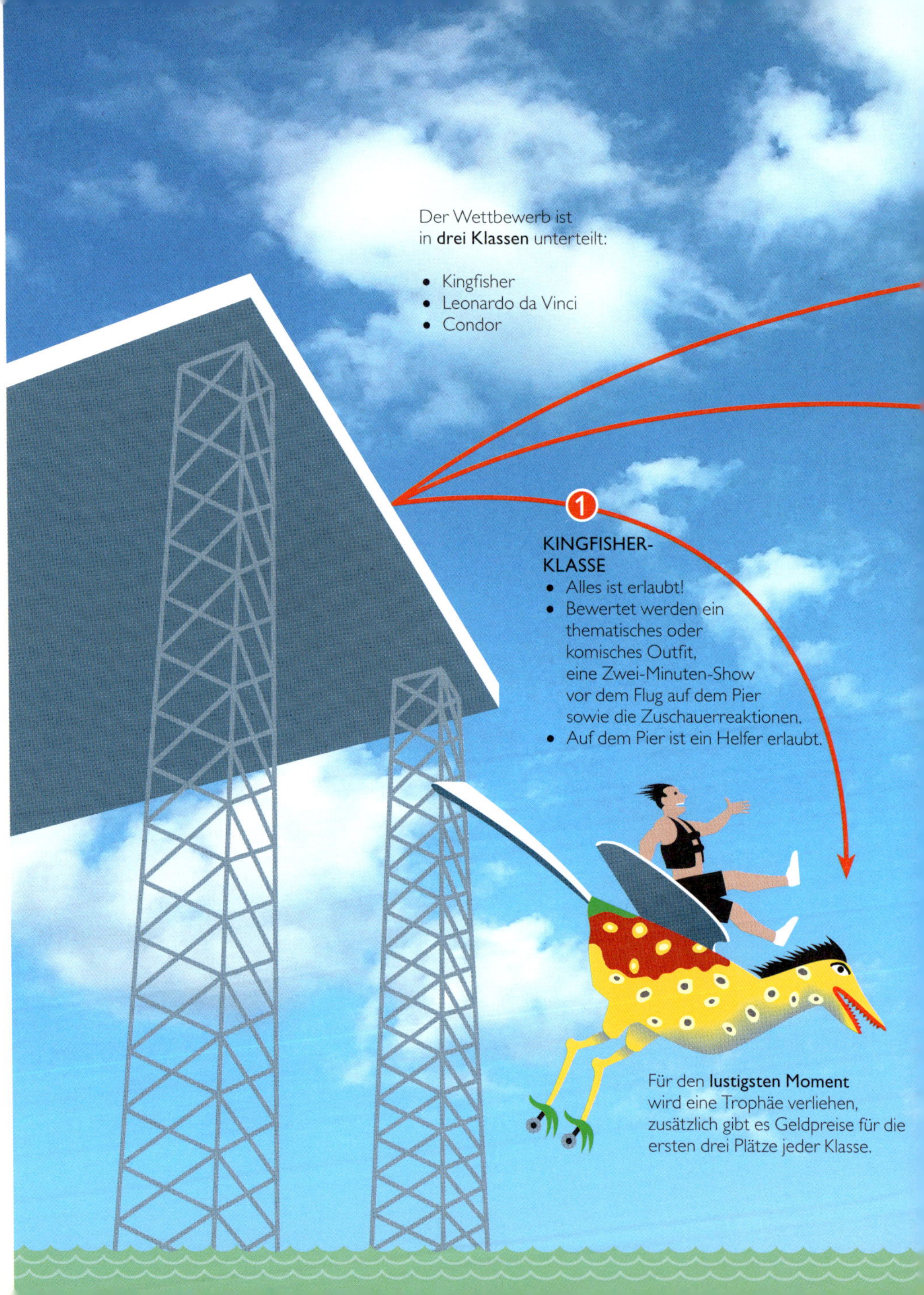

Der Wettbewerb ist in **drei Klassen** unterteilt:

- Kingfisher
- Leonardo da Vinci
- Condor

1 **KINGFISHER-KLASSE**

- Alles ist erlaubt!
- Bewertet werden ein thematisches oder komisches Outfit, eine Zwei-Minuten-Show vor dem Flug auf dem Pier sowie die Zuschauerreaktionen.
- Auf dem Pier ist ein Helfer erlaubt.

Für den **lustigsten Moment** wird eine Trophäe verliehen, zusätzlich gibt es Geldpreise für die ersten drei Plätze jeder Klasse.

2

LEONARDO-DA-VINCI-KLASSE

- Selbst entworfene und gebaute Flugzeuge mit einer maximalen Spannweite von 12 m.
- Bewertet werden die **Flugdistanz** und die **Flugdauer.**
- Auf dem Pier sind zwei Helfer erlaubt.
- Jeder Kandidat hat zwei Versuche, einen pro Veranstaltungstag.

3

CONDOR-KLASSE

- Standarddrachenflieger
- Bewertet werden die **Flugdistanz** und die **Flugdauer.**
- Auf dem Pier sind zwei Helfer erlaubt.
- Jeder Kandidat hat zwei Versuche, einen pro Veranstaltungstag.
- Die Flieger der Condor-Klasse heben von der gleichen Plattform ab wie die anderen Klassen, vorausgesetzt, es ist Niedrigwasser, damit die Wassertiefe von 75 cm eine Landung ermöglicht.

Regeln

- Alter mindestens **16**
- Sie müssen mindestens **50 m schwimmen können**.

Folgendes ist **nicht** erlaubt:

- Drachen
- Ballons
- Gleitschirme
- Raketen
- Autos
- Katapulte
- „Starthilfen durch Geräte mit Speicherenergie als Antrieb“

Weltmeisterschaft im Brennnesselessen

Marshwood, England
im Juni

Dieses schmerzhafte Event wurde 1986 im Bottle Inn begründet (siehe Seite gegenüber). Dann war der 500 Jahre alte Pub einige Jahre lang geschlossen. Seit 2012 werden wieder kontinuierlich Wettkämpfe abgehalten. Man steckt sich möglichst viele Brennnesseln in den Mund und schluckt sie.

Brennnesseln sind mit Tausenden kleiner, hohler Röhren bedeckt, die eine Mischung giftiger Substanzen enthalten (z.B. drei verschiedene Säuren).

Bei Berühren der Blätter brechen die Röhrchen, verletzen die Haut und injizieren wie mikroskopisch kleine Nadeln einen Cocktail aus Nesselgift.

Zunge und Rachen werden extrem gereizt. Mund und Lippen verfärben sich schwarz.

Der Geschmack von Nesseln liegt zwischen Spinat und Rucola.

1 **Entfernen Sie die Blätter vom Stiel.** Jeder Stiel ist ca. 50 cm lang.

2 Es brennt weniger stark, wenn Sie **die Blätter vor dem Verzehr falten.**

So werden die giftigen Stacheln im Blatt verpackt.

3 **Essen** Sie **in einer Stunde** so viele gefaltete Blätter wie möglich. **Sie dürfen nur eigens bereitgestellte Nesseln essen.** Erlaubt sind weder Betäubungsmittel noch Pinkelpausen.

4 Die Schiedsrichter ermitteln den Gewinner, indem sie **die Stängel jedes Nesselessers zählen.** Früheren Siegern war es gelungen, die Blätter von bis zu 68 Stängeln zu essen.

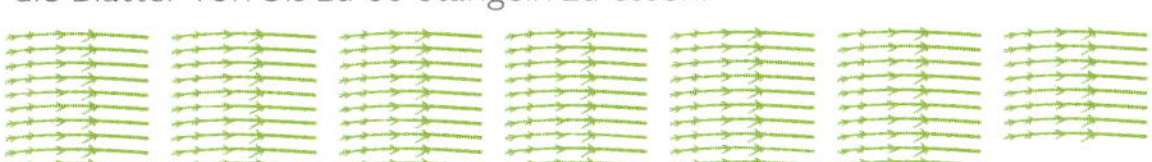

So soll es begonnen haben:

Ein Bauer prahlte beim Bier im Bottle Inn, wie hoch die Brennnesseln auf seinen Feldern wachsen. Sie erreichten bis zu **4,7 m.** Gäbe es bei jemandem noch größere Brennnesseln, dann würde er seine glatt roh aufessen.

Natürlich dauerte es nicht lange, bis ein anderer Bauer einen **4,8 m** großen Stängel vorzeigte.

Der Prahler verspeiste seine Nesseln, und eine neue englische Tradition war geboren.

Bart- und Schnurrbart-Weltmeisterschaften

weltweit
(meist in Europa)
das ganze Jahr

Obwohl Italien für sich beansprucht, bereits in den 1970er-Jahren die ersten Bartwettbewerbe durchgeführt zu haben, begannen die modernen Events für Bärte 1990 in Deutschland. Seit 1995 werden alle zwei Jahre internationale Wettbewerbe ausgerichtet.

Der Wettstreit gliedert sich in drei Hauptkategorien:

- **Vollbart**
- **Teilbart**
- **Oberlippenbart**

Jede Kategorie hat präzise definierte Unterkategorien.

= Stylingmittel wie Spray oder Gel sind nicht erlaubt.

VOLLBART

TEILBART

OBERLIPPENBART

Verdi

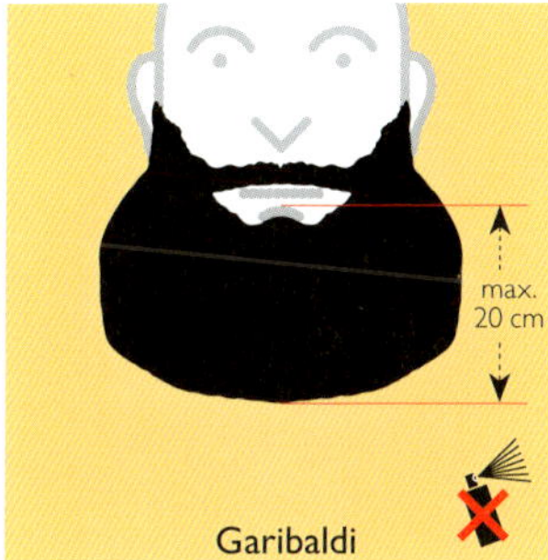

Garibaldi

Freestyle

Freestyle-Kinnbart

Kaiserlich

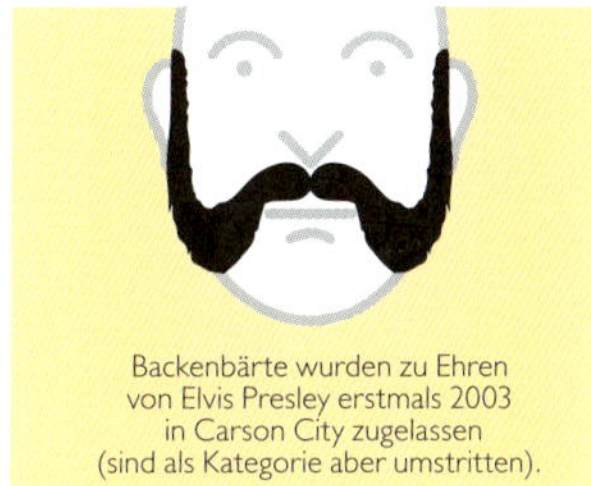

Freestyle & Backenbart

Kaiserlich

Ungarisch

Freestyle

Etwa 300 Männer aus 20 Ländern nehmen teil. Bewertet wird neben der Bartpracht, wie wunderlich sie auch sein mag, auch die Gesamterscheinung: die Art und Weise, wie sich die Teilnehmer kleiden und wie sie posieren, um ihre Bartzier richtig in Szene zu setzen.

Bisherige Austragungsorte:
1990 Höfen/Enz, Deutschland
1995 Pforzheim, Deutschland
1997 Trondheim, Norwegen
1999 Ystad, Schweden
2001 Schömberg, Deutschland
2003 Carson City, USA
2005 Berlin, Deutschland
2007 Brighton, England
2009 Anchorage, USA
2011 Trondheim, Norwegen
2013 Leinfelden, Deutschland
2015 Leogang, Österreich
2017 Austin, USA
2019 Antwerpen, Belgien

Damen mit Bart sind derzeit noch ausgeschlossen. Allerdings organisiert die Ladies' Fake Beard and Moustache Society inzwischen parallel zu den nationalen Männerwettbewerben ihren eigenen Wettbewerb, die **Whiskerinas Competition.** (Für die Gestaltung der Bärte sind hier neben Haaren auch andere Materialien zugelassen.)

El Entroido de Laza
Ein Karneval mit Feuerameisen

Laza, Spanien
Februar/März

Warum man in Laza Feuerameisen wirft, ist unklar. Berichtet wird von einem Richter, der Karneval nicht mochte und einem Angestellten nicht freigeben wollte. Gemeinsam mit seinen Freunden warf dieser daraufhin mit Beuteln nach dem mürrischen Richter. In den Beuteln waren Feuerameisen.

Das Wort ***entroido*** stammt vom lateinischen *introitus* und bedeutet **Eingang.** In diesem Fall bezieht sich Eingang auf einen **Anfang** – dem des Frühlings oder der Fastenzeit; einer Zeit, in der viele Städte Galiziens (und natürlich auch anderswo) Karneval feiern.

Teil des El Entroido de Laza sind **Paraden, komische Figuren** und ein fünftägiges **Fasten** bis Aschermittwoch.

Am **Sonntag** laufen Teams von bis zu 40 maskierten **Peliqueiros** durch die Straßen. Zuschauer dürfen sie weder berühren noch beschimpfen, denn für diesen einen Tag verkörpern sie die höchste geistige Instanz.

Am **Montag** bewerfen sich Einheimische in einem freundschaftlichen Gefecht mit **Mehl, Asche** und **mit Feuerameisen gefüllten Lehmklumpen.** Die Tierchen wurden zuvor mit **Essig** besonders aggressiv gemacht.

Die Schlacht dauert etwa 20 min. Dann holen sich alle blass und wohl mit brennenden Stichen ihre Drinks.

Beim Karneval von Laza gibt es Feuerameisen. **Andere galizische Orte** haben für ihre Entroidos eigene spezielle Events.

Dazu zählen: **Viana do Bolo in Ourense,** bei dem maskierte Boteiros zu sehr lauten Bands paradieren und dann beim Festa da Androlla Eintopf essen.

Cobres in Pontevedra – mit kindgerechten Veranstaltungen richtet sich diese Variante des El Entroido vor allem an junge Menschen.

Verin in Ourense – bei dieser Parade stellen maskierte Cigarróns altertümliche Steuereintreiber dar.

Xinzo de Limia in Ourense – Pantallas mit typischen Masken (wie in allen Dörfern, in denen El Entroido stattfindet) führen in den Straßen einen Tag lang das Regiment.

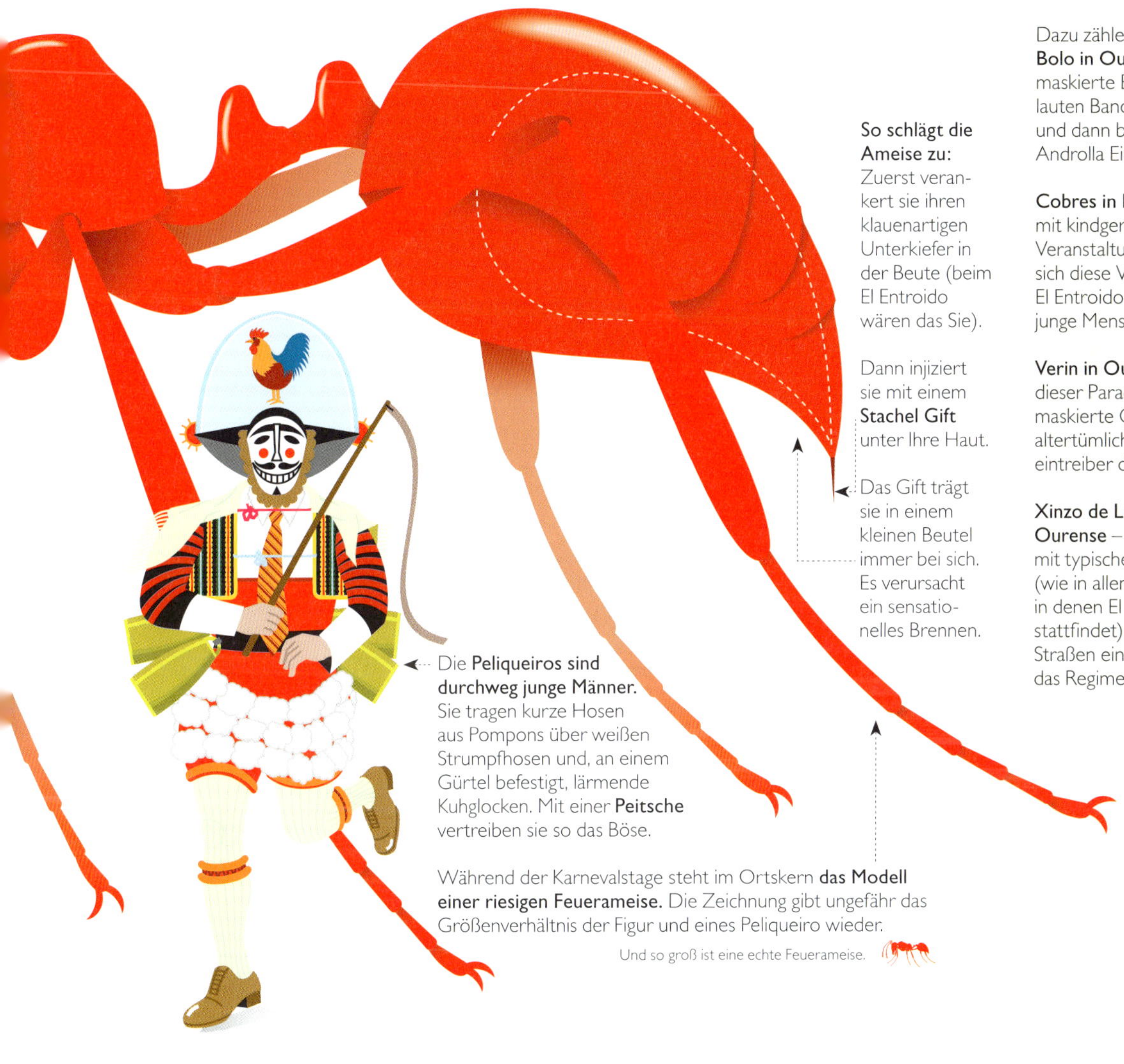

So schlägt die Ameise zu: Zuerst verankert sie ihren klauenartigen Unterkiefer in der Beute (beim El Entroido wären das Sie).

Dann injiziert sie mit einem **Stachel Gift** unter Ihre Haut.

Das Gift trägt sie in einem kleinen Beutel immer bei sich. Es verursacht ein sensationelles Brennen.

Die **Peliqueiros sind durchweg junge Männer.** Sie tragen kurze Hosen aus Pompons über weißen Strumpfhosen und, an einem Gürtel befestigt, lärmende Kuhglocken. Mit einer **Peitsche** vertreiben sie so das Böse.

Während der Karnevalstage steht im Ortskern **das Modell einer riesigen Feuerameise.** Die Zeichnung gibt ungefähr das Größenverhältnis der Figur und eines Peliqueiro wieder.

Und so groß ist eine echte Feuerameise.

96

Zu Ehren der Dorfheiligen Maria Magdalena wirbeln acht junge Männer aus den ältesten Familien dieser kleinen Stadt auf hölzernen Stelzen *(zancos)* über Kopfsteinpflaster. Anscheinend kennt niemand den Ursprung dieses Stelzentanzes. Aber es macht Spaß zuzuschauen.

Danza de los Zancos
Stelzentanz

Anguiano, Spanien
mehrmals im Jahr (ein Termin fällt auf den Festtag von Maria Magdalena im Juli)

Den ersten Hinweis auf den Danza de los Zancos gab es **1603**. Die Tradition wird seitdem vom Vater auf den Sohn vererbt.

Es sieht gefährlich aus (und ist es auch), aber die Tänzer stürzen selten. Sie verfallen in eine Art Trance und **starren geradeaus,** um die Balance zu halten und nicht in die Menge zu fallen, die die engen Straßen säumt.

Ihre weichen Röcke **bauschen sich glockenförmig auf,** wenn die Tänzer sich, **mit Kastagnetten klappernd,** zu drehen beginnen. Ein steiler Hügel, über die sie hinabsteigen, der **Cuesta de los danzadores,** ist nach ihnen benannt.

Die Tänzer starten an der Hauptkirche in Anguiano und ergreifen eine kleine Ikone der heiligen Magdalena. Dann „tanzen" sie mit ihr über die Kopfsteinstraßen zu einem extra dafür aufgebauten Schrein. Das Heiligenbild bleibt dort bis zum letzten Samstag im September und wird dann für den Winter in die Kirche zurückgebracht.

Auch in anderen Ländern, z. B. in **Ecuador, Frankreich, Puerto Rico und Zentralafrika,** läuft man bei religiösen Festen auf Stelzen.

La Batalla del Vino

Haro, Spanien
29. Juni

Im 13. Jahrhundert hatte die Stadt Haro einen Grenzstreit mit der benachbarten Stadt Miranda de Ebro. Jeden Sankt-Peters-Tag markierte Haro ihre Grenzen mit blutroten Flaggen. Im Laufe der Zeit wurde aus dieser Tradition ein Fest, bei dem viel Wein getrunken (und verschüttet) wurde. Und 1965 wurde daraus offiziell die „Schlacht des Weines".

Haro ist die Hauptstadt der Weinregion Rioja. Beim Rioja-Rotwein gibt es **vier Kategorien:**

Rioja	jünger als ein Jahr und im Eichenfass gelagert
Crianza	zwei Jahre alt, davon eines im Eichenfass gelagert
Rioja Reserva	drei Jahre alt, davon eines im Eichenfass gelagert
Rioja Gran Reserva	fünf Jahre alt (zwei Jahre im Eichenfass, drei Jahre in der Flasche gereift)

Meist wird die **Tempranillo**-Traube angebaut, aber Rioja-Rotweine werden üblicherweise aus verschiedenen Trauben verschnitten.

DER ABLAUF

1. Alles beginnt morgens **um 7 Uhr** mit einer **Prozession** durch die Stadt.
2. In **weiße Hemden** und **rote Schals** gekleidet, tragen alle mit **Rotwein** gefüllte *botas* (Stiefel), Flaschen, Eimer und Wasserpistolen mit.
3. Der **Bürgermeister von Haro** geleitet den Zug zu den Klippen von Bilibio, wo die **Messe** gefeiert wird.

Am **Morgen des 29. Juni werden in Haro** um die **50.000 Liter Rioja-Rotwein** wahllos vergossen. (Das reicht, um etwa 300 Badewannen zu füllen.)

4

Nach der Messe **übergießen sich alle gegenseitig mit Wein.** Die Hemden sind dann nicht mehr weiß.

5

Mittags geht es zurück zur **Plaza de la Paz in Haro.** Hier spritzt man nicht mehr mit Wein um sich, sondern trinkt ihn.

6

Abends finden die **„Stierkämpfe“** statt. Diese werden von den (inzwischen recht betrunkenen) jungen Männern mit Jungkühen (Färsen) ausgetragen. Oft macht es einfach nur großen Spaß, ohne dass Menschen oder Tiere zu Schaden kommen.

San Fermín Festival
Bullenrennen

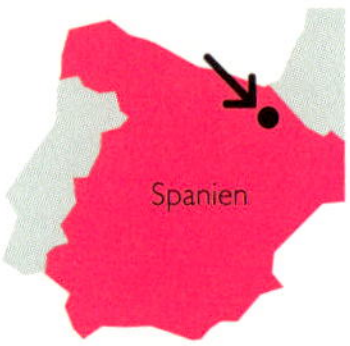

Pamplona, Spanien
achttägiges Event,
beginnt jährlich am 7. Juli

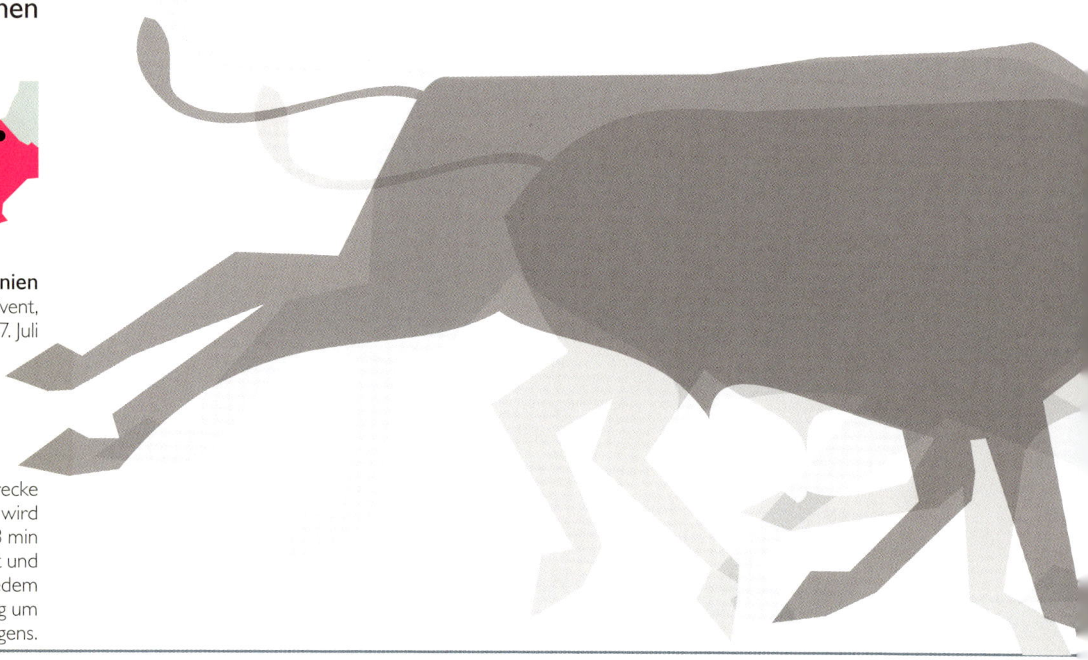

Die Laufstrecke von 825 m wird in etwa 3 min zurückgelegt und beginnt an jedem Festivaltag um 8 Uhr morgens.

Vor Beginn sprechen die Läufer ein Gebet: „San Fermin, wir erflehen von dir, dass du uns bei diesem Lauf lenkst und segnen mögest."

Das Festival begann im 13. Jahrhundert
zu Ehren von San Fermin, dem Schutzpatron von Pamplona.
Es verbindet **Logistik** mit **Vergnügen.**

Logistik: Für die abendlichen Stierkämpfe werden die Stiere aus provisorischen Gehegen am einen Ende der Stadt zur Arena ans andere Ende getrieben.

Vergnügen: vor den Stieren wegrennen, wenn sie durch Pamplonas enge Straßen galoppieren. (Vorausgesetzt, das macht Ihnen Spaß …)

Regeln

- Man muss über 18 sein.
- Keiner darf betrunken sein.
- Alle müssen die offizielle Tracht tragen:

ein rotes Halstuch*,

ein weißes Hemd,

einen langen, roten Schal, um die Hüfte gebunden,

und eine weiße Hose.

Täglich rennen **sechs Kampfstiere** (und einige kleinere Ochsen). Die großen Stiere wiegen etwa 700 kg – ganz schön massig, was einem da in den Nacken pustet.

Die Stiere rennen den ca. 2.000 Menschen hinterher, die täglich am Festival teilnehmen.

*Kann man einfach und günstig beim Festival erwerben.

Die **größte Gefahr** bei diesem Lauf sind weniger die Bullen, sondern vielmehr die Läufer, die vor einem herstolpern.

Also aufgepasst: Seit 1924 starben 15 Menschen, und 200 wurden durch Hörner verletzt. Neue Läufer sollten nicht gleich am ersten Tag starten. Es ist ratsam, sich vorher anzuschauen, worauf man sich einlässt!

El Colacho
Teufelssprung

Castillo de Murcia, Spanien
jedes Jahr im Juni am 1. Sonntag nach Fronleichnam

El Salto de Colacho (der Teufelssprung) datiert zurück bis in die 1620er-Jahre. Man glaubt, die Babys mit diesem Ritual von der Erbsünde zu befreien und sie lebenslang gegen Krankheiten zu schützen.

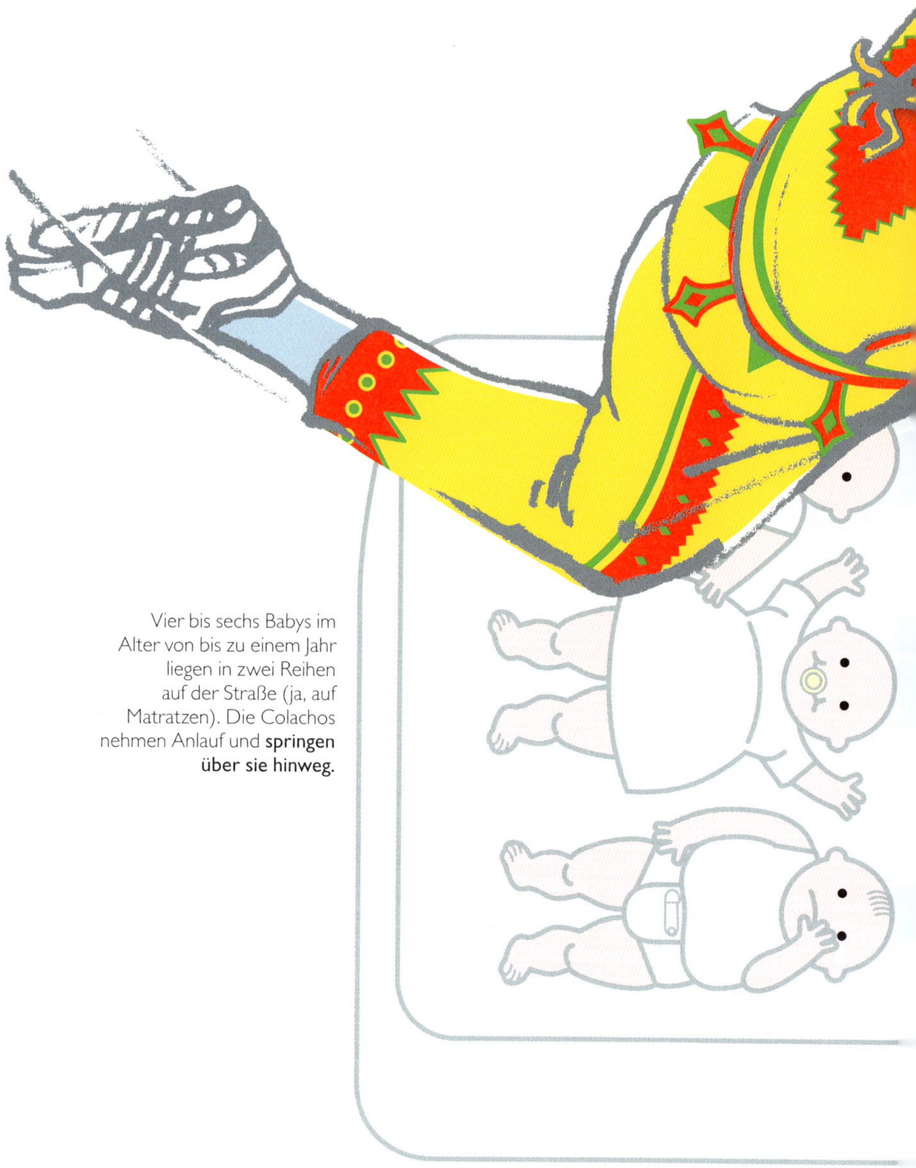

Vier bis sechs Babys im Alter von bis zu einem Jahr liegen in zwei Reihen auf der Straße (ja, auf Matratzen). Die Colachos nehmen Anlauf und **springen über sie hinweg.**

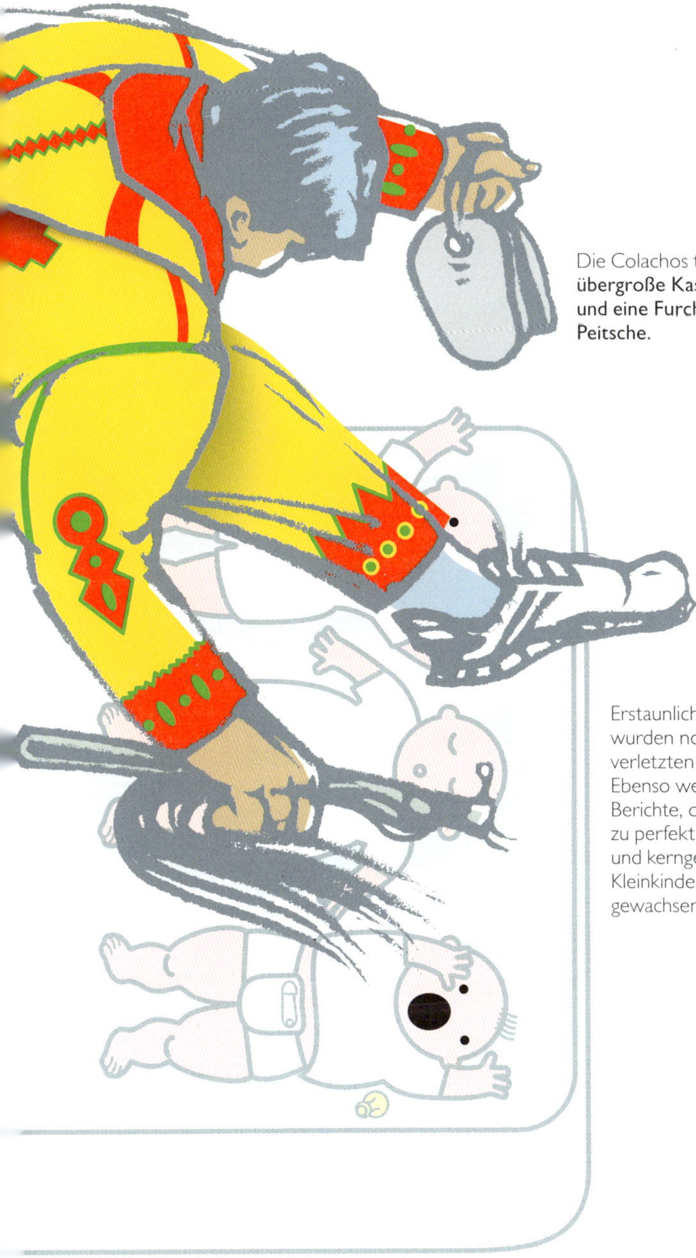

Die Colachos tragen **übergroße Kastagnetten und eine Furcht einflößende Peitsche.**

Erstaunlicherweise wurden noch keine verletzten Babys gemeldet. Ebenso wenig gibt es Berichte, dass sie alle zu perfekt liebenswerten und kerngesunden Kleinkindern herangewachsen seien.

Die katholische Kirche besteht darauf, dass Kinder **nur durch die Taufe mit Wasser von der Erbsünde befreit** werden können und nicht durch einen springenden Teufel. **Sie würde El Colacho gerne unterbinden.**

Hat Ihre Mutter Ihr Leben als Säugling etwa nicht gefährdet? Ist über Sie kein Teufel hinweggesprungen? Keine Sorge: Sie können immer noch am Las Hogueras de San Juan teilnehmen, dem Feuer zu Ehren des heiligen Johannes (jährlich am 23. Juni, Mittsommer). Kinder und Jugendliche springen dann am Strand von Alicante und überall in Spanien über Lagerfeuer.

Jarramplas
Rübenwerfen

Piornal, Spanien
19. und 20. Januar
(Tag des heiligen Sebastian)

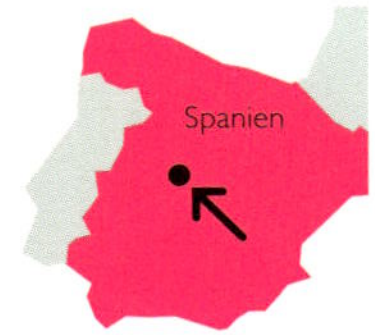

Obwohl weder religiöse noch andere Ursprünge bekannt sind*, ist das Jarramplas-Festival für die Einwohner von Piornal höchst bedeutsam: Gut triumphiert über Böse, indem ein bunt gekleideter Teufel mit Rüben beworfen wird.

*Die einfachste Theorie: Hier wird ein berüchtigter Viehdieb bestraft.

Die Männer von Piornal **warten jahrelang** darauf, den Jarramplas spielen zu dürfen. Wenn es so weit ist, kostümieren sie sich in etwa so:

Unter Maske und Kostüm verbergen sich umfangreiche **Panzer und Polster.** Sie sollen den Träger vor dem Rübenregen schützen, mit dem Einheimische (und Touristen) ihn bewerfen. Blaue Flecken durch schlecht gezielte Rüben gehören für alle dazu.

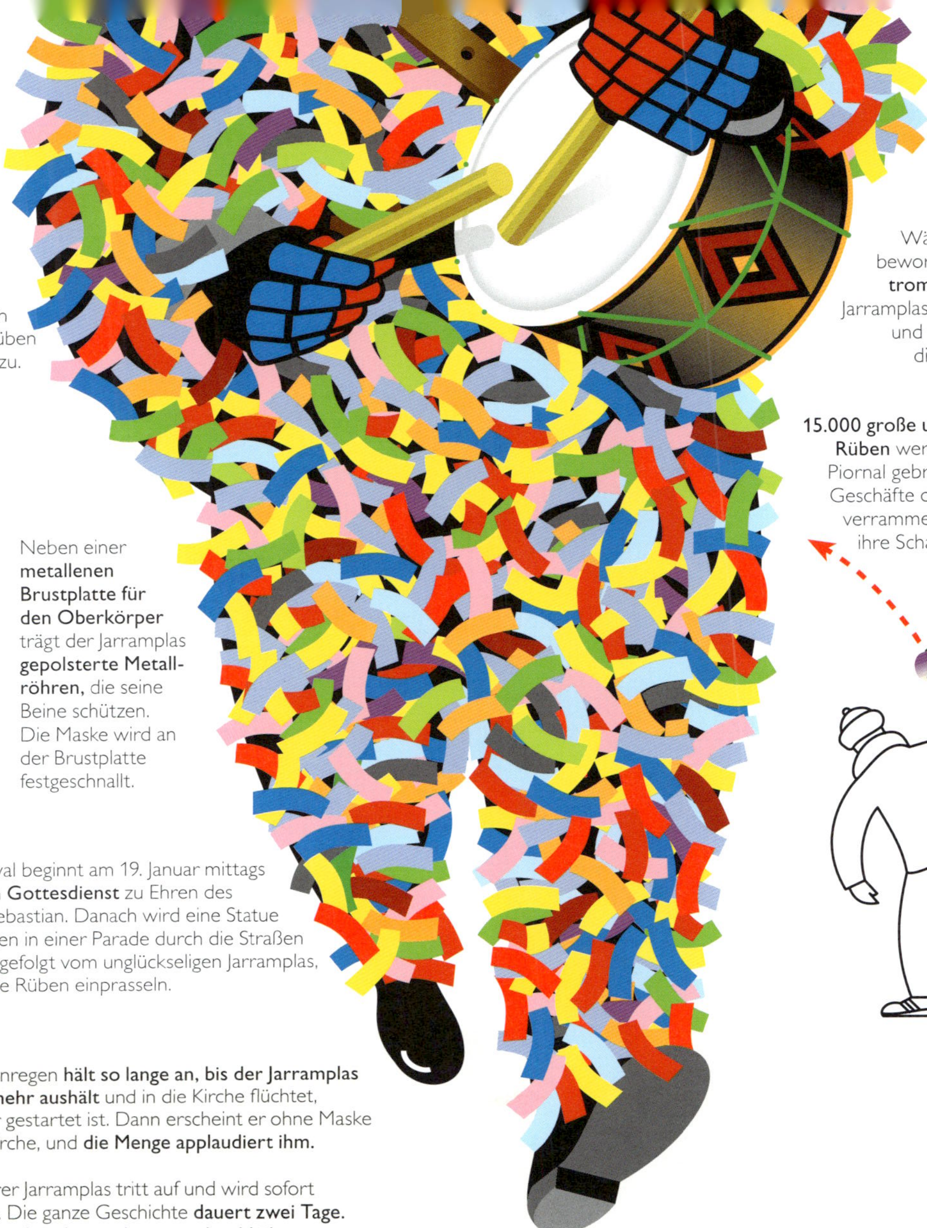

Während er beworfen wird, **trommelt** der Jarramplas **wie wild** und verhöhnt die Menge.

15.000 große und harte Rüben werden nach Piornal gebracht. Die Geschäfte des Ortes verrammeln besser ihre Schaufenster.

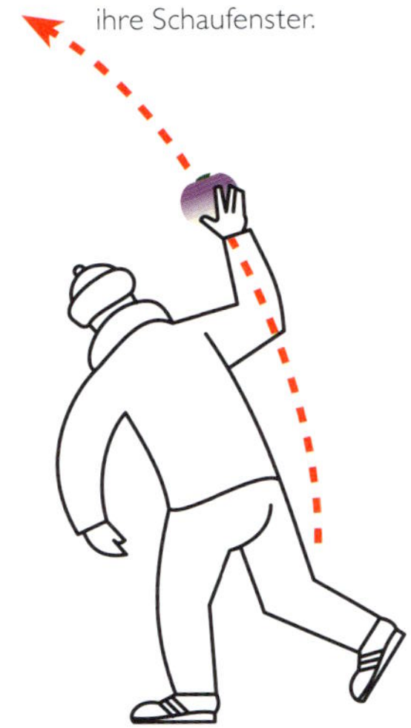

Neben einer **metallenen Brustplatte für den Oberkörper** trägt der Jarramplas **gepolsterte Metallröhren,** die seine Beine schützen. Die Maske wird an der Brustplatte festgeschnallt.

Das Festival beginnt am 19. Januar mittags mit einem **Gottesdienst** zu Ehren des heiligen Sebastian. Danach wird eine Statue des Heiligen in einer Parade durch die Straßen getragen, gefolgt vom unglückseligen Jarramplas, auf den die Rüben einprasseln.

Der Rübenregen **hält so lange an, bis der Jarramplas es nicht mehr aushält** und in die Kirche flüchtet, aus der er gestartet ist. Dann erscheint er ohne Maske vor der Kirche, und **die Menge applaudiert ihm.**

Ein weiterer Jarramplas tritt auf und wird sofort attackiert. Die ganze Geschichte **dauert zwei Tage. Der Jarramplas, der am längsten durchhält, wird in der Stadt geehrt.**

Fiesta del Orgullo Gay
Wettlauf auf High Heels

Madrid, Spanien
Juni/Juli

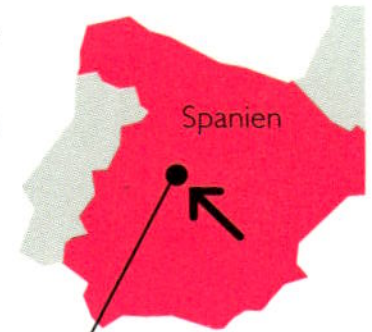

Dieser Wettlauf ist Teil der Gay-Pride-Woche. Tausende schauen zu, wie Männer auf High Heels über Kopfsteinpflaster stöckeln.

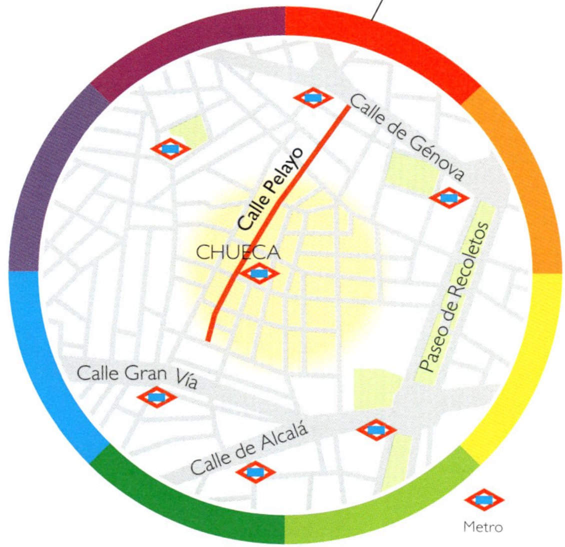

Die Strecke verläuft über die Calle Pelayo im **Chueca, dem queeren Viertel von Madrid**.

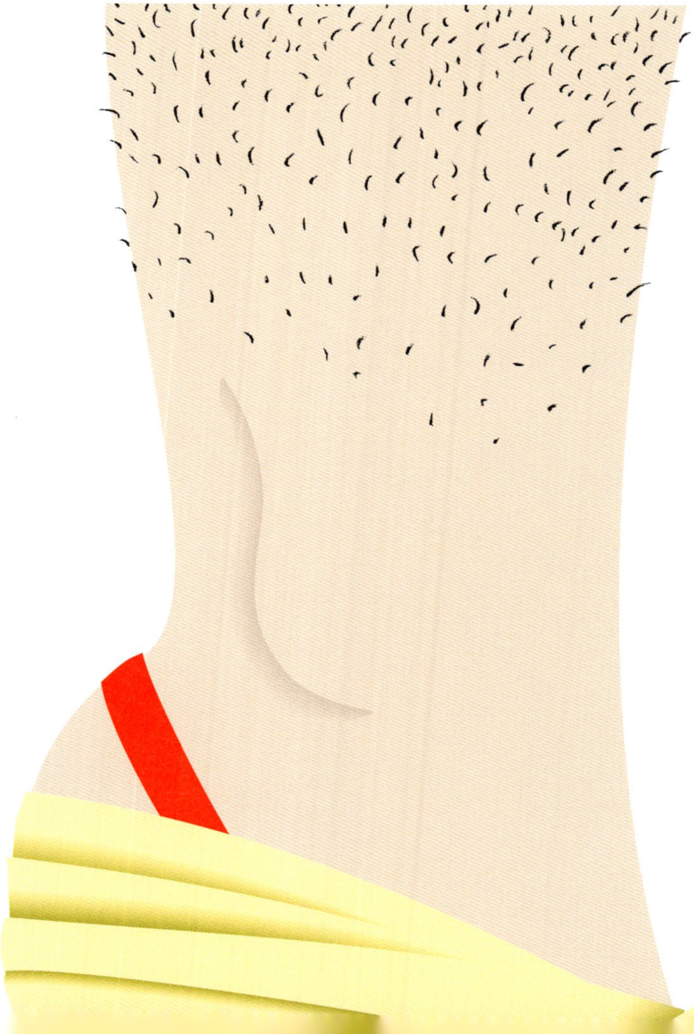

Die Läufer fixieren ihre Schuhe mit Klebeband.

Ein Schuh in **Originalgröße.** **Appell an alle:** Halten Sie mal Ihren Fuß daneben. Dann malen Sie sich die Qualen aus, die Ihre Frau (oder aber Ihr Mann) auf sich nimmt, um Ihre Fantasien (oder die eigenen) zu erfüllen.

Die Absätze müssen 15 cm hoch sein.

Vor dem Start wird streng gemessen.

Hohe Absätze als Modestatement kamen Anfang des 16. Jahrhunderts auf und wurden **zuerst nur von Männern** als Zeichen für Macht und Privilegien getragen.

Erst in den 1730er-Jahren begannen auch Frauen, High Heels zu nutzen.

Els Enfarinats
Schlacht mit Mehl und Eiern

Ibi, Spanien
28. Dezember

Findet am El Día de los Inocentes (Tag der Unschuldigen) statt und ist das spanische Äquivalent zum 1. April – ein Tag voller Späße (wie auch voller Mehl, Eier, Feuerwerkskörper und Feuerlöscher).

Els Enfarinats begann 1981, als Ibi eine 200 Jahre alte Tradition wiederbelebte. Der Ursprung soll beim Fiesta de los Locos (dem Fest der Narren) liegen, das Teil des römischen Festes der Saturnalien war.

Zwei Gruppen in **Fantasieuniformen** fechten eine **Scheinrevolution** aus.

- Als **Els Enfarinats** (wörtlich: die Bemehlten) übernehmen die verheirateten Männer **Schlag 8 Uhr** die Herrschaft über das Dorf Ibi.
- Um **9 Uhr** ernennen die **Els Enfarinats** einen neuen Bürgermeister.
- Unter dem Slogan „Neues Recht" erlässt der frisch gewählte Diktator **für diesen Tag alberne Gesetze. Wer sie verletzt,** muss **Strafen** zahlen.
- (Das Geld geht an lokale Hilfsorganisationen.)
- Wer nicht zahlt, wird öffentlich in Scheingefängnisse auf der Straße gesteckt.

Bei dieser jährlichen Schlacht werden Hunderte Pfund Mehl und über **1.500 Eier** geworfen.

- **Die zweite Gruppe La Oposició** versucht, die Ordnung wiederherzustellen.
- Großzügig werden Unmengen **Mehl** geworfen. Menschen **verschwinden** zusehends in weißem **Dunst.**
- Um **5 Uhr** nachmittags endet die Herrschaft von Els Enfarinats, und alle gehen gemeinsam zum traditionellen ***dansá*** (einem festlichen Ball).

Cascamorras
Madonnenlauf

Guadix und Baza, Spanien
September

Vor über 500 Jahren baute ein Arbeiter mit Spitznamen Cascamorras aus dem Dorf Guadix eine Kirche im Dorf Baza und fand dabei eine vergrabene Statue der Virgen de la Piedad (Madonna der Barmherzigkeit). Als er die Figur nach Guadix mitnehmen wollte, vereitelten die Leute aus Baza dieses Vorhaben.

Ein Gericht verfügte, dass Baza die Statue behalten dürfe, erließ aber, dass Guadix den Tag mit einem Fest feiern könne. Falls jemand aus Guadix es während des Festes schaffen sollte, die Statue zurückzuholen, ohne mit Öl beschmiert zu werden, dürfe Guadix sie behalten. Das versucht Cascamorras nun jedes Jahr aufs Neue und wird dabei sehr dreckig!

Das Festival besteht aus zwei Läufen.

1

6. September **DER BAZA-LAUF**
(bei dem Cascamorras versucht, die Statue nach Guadix zurückzubringen)

Jedes Jahr wird in Guadix **ein junger Mann** gewählt, **der Cascamorras spielen soll.** Er trägt ein traditionelles clownähnliches Kostüm und dazu eine große Fahne mit dem Bild der Jungfrau. Er führt auch einen ***porro*** mit sich (einen Stock, daran mit einem Lederband befestigt ein Gummiball oder eine Blase), mit dem er Leute, die ihn beschmutzen wollen, abwehrt.

Cascamorras läuft nicht die ganz
Strecke von Guadix nach Baza (39 km). Stattdessen **reist er am Vorabend seines Laufs durch die Stadt nach Baza.**

Weil **Cascamorras mit leeren Händen zurückkehrt,** werden die Einwohner von Guadix sehr wütend und begrüßen ihn ähnlich wie in Baza, allerdings **bewerfen s ihn mit brauner und blauer Farb**

Die Dörfler aus Baza beschmieren sich mit Öl. Wenn Cascamorras durch das Dorf läuft, schubbern sie sich an ihm und bespritzen ihn mit Öl, damit er das Kloster der Barmherzigkeit (und die Statue der Jungfrau) nicht unbefleckt erreicht.

Nach dem Lauf dürfen Cascamorras, seine Gehilfen und die ölbeschmierten Dörfler **im Kloster** duschen und die Sauerei wieder sauber machen.

Wenn Sie mal dabei sein wollen, bereiten Sie sich darauf vor, schmutzig und auch nass zu werden: Aus den Häusern am Rande der Strecke in Guadix wird Wasser über die Balkone auf die Menge gekippt, und die Feuerwehr kühlt alle mit Wasser aus ihren Schläuchen ab.

2

9. September

DER GUADIX-LAUF

(bei dem Cascamorras ohne Statue nach Guadix zurückkehrt)

Auch diesmal läuft er nicht die ganze Strecke selbst.

La Tomatina
Tomatenschlacht

Buñol, Spanien
letzter Mittwoch
im August

Die Tomatina fand 1945 zum ersten Mal statt und wurde in den 1950er-Jahren zweimal verboten. Heute ist sie eines der beliebtesten Festivals in Spanien.

Alles beginnt, wenn Jugendliche um **10 Uhr** den *palo jabón* erstürmen, einen eingewachsten Baumstamm, an dessen Ende ein Stück Schweinefleisch befestigt ist. Ist das Fleisch heruntergeholt, beginnt die eigentliche Schlacht.

Voll beladene LKWs entleeren auf dem zentralen Platz 150.000 Tomaten in die Menge – die einstündige Schlacht kann beginnen.

Das Reglement schreibt vor, die Tomaten vor dem Werfen zu zerdrücken.

Es werden speziell für dieses Event Tomaten in der Extremadura angebaut, wo sie billiger und weniger schmackhaft sind.

Anschließend werden die **Straßen mit Wasser abgespritzt**. Man sagt, der Säuregehalt der Tomaten reinige die Straßen perfekt.

Andere Länder mit ähnlichen Events wie die Tomatina sind: Chile, China, Costa Rica, Indien und Kolumbien sowie fünf Städte in den USA.

La Batalla de Ratas
Rattenwerfen

El Puig, Spanien
letzter Sonntag im Januar

In El Puig ist es eine jahrhundertealte Tradition, zu Ehren von San Pedro Nolasco die sogenannten *cucañas* zu zerschlagen. Die Gefäße ähneln *piñatas*, sind aber aus Ton gemacht. Zum Teil stecken tote Ratten darin, andere sind mit Süßigkeiten gefüllt.

Wenn Ratten herausfallen, bewirft man sich damit zur allgemeinen Belustigung (oder doch aus Ekel) gegenseitig.

In den Anfängen des Festes **1237** füllte man die *cucañas* mit frischem Obst und Nüssen – ein Schmaus für alle Ratten, die hineinkriechen konnten. Beim Zerschlagen der *cucañas* kamen sie dann frei: lebendig, aber benommen. Heute sind die Ratten tiefgefroren ... irgendwie hygienischer.

2012 wurde die Veranstaltung untersagt, aber die Menschen in El Puig lassen sich die alte Tradition nicht verbieten.

Lang lebe das tote Rattenpack!

2010 nahm die UNESCO das Bauen dieser menschlichen *castells* (Burgen) in die Liste des mündlichen und immateriellen Weltkulturerbes auf.

Concurs de Castells de Tarragona

Menschentürme

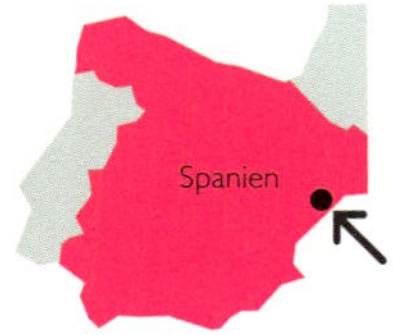

Tarragona, Katalonien, Spanien
alle zwei Jahre im September/Oktober

In ganz Katalonien wetteifern die **Colles Castelleres** darum, ausgeklügelte Menschentürme zu errichten. Dies wurde zuerst 1712 in Valls nahe Tarragona praktiziert.

Die Castellers tragen traditionell weiße Hosen, ein Bandana und ein farbiges Hemd, an dem man das Team erkennt (die Castellers de Barcelona tragen Rot). Doch das wichtigste Kleidungsstück ist die **Schärpe** *(faixa)*. Sie stützt den unteren Rücken und dient auch als Kletterhilfe, wenn andere den Rücken hinaufsteigen.

Die meisten Castellers sind barfuß, um die Schultern der Teamkollegen nicht zu verletzen.

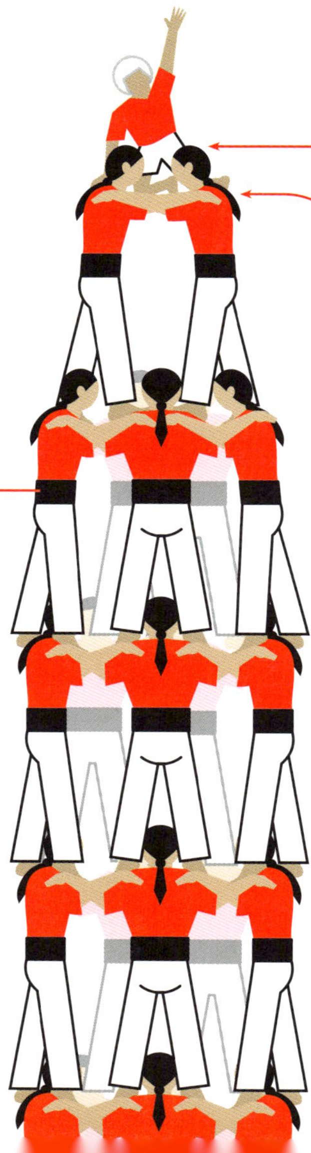

Der **Enxaneta** (traditionell ein leichtes Kind) klettert bis oben auf den ***pom de dalt*** (Kuppel). Dort hebt er einige Sekunden lang den Arm und grüßt die Menge mit vier Fingern seiner Hand (für die Streifen der katalanischen Flagge).

Kinder tragen oft gepolsterte Helme.

Der „Stamm“ ***(tronc)*** des Turms besteht aus bis zu fünf Personen in den unteren Ringen, in den oberen reduziert auf zwei Personen. Zehn Ebenen sind das Limit.

Es gibt viele Varianten, die Pyraminden zu bilden. Bei der hier gezeigten bilden Menschen eine zweite Säule im Inneren des Turms.

Den Turm abzubauen, ohne dass er einstürzt, ist schwierig. Diese Prozedur trainieren die Teams ebenso wie den Aufbau.

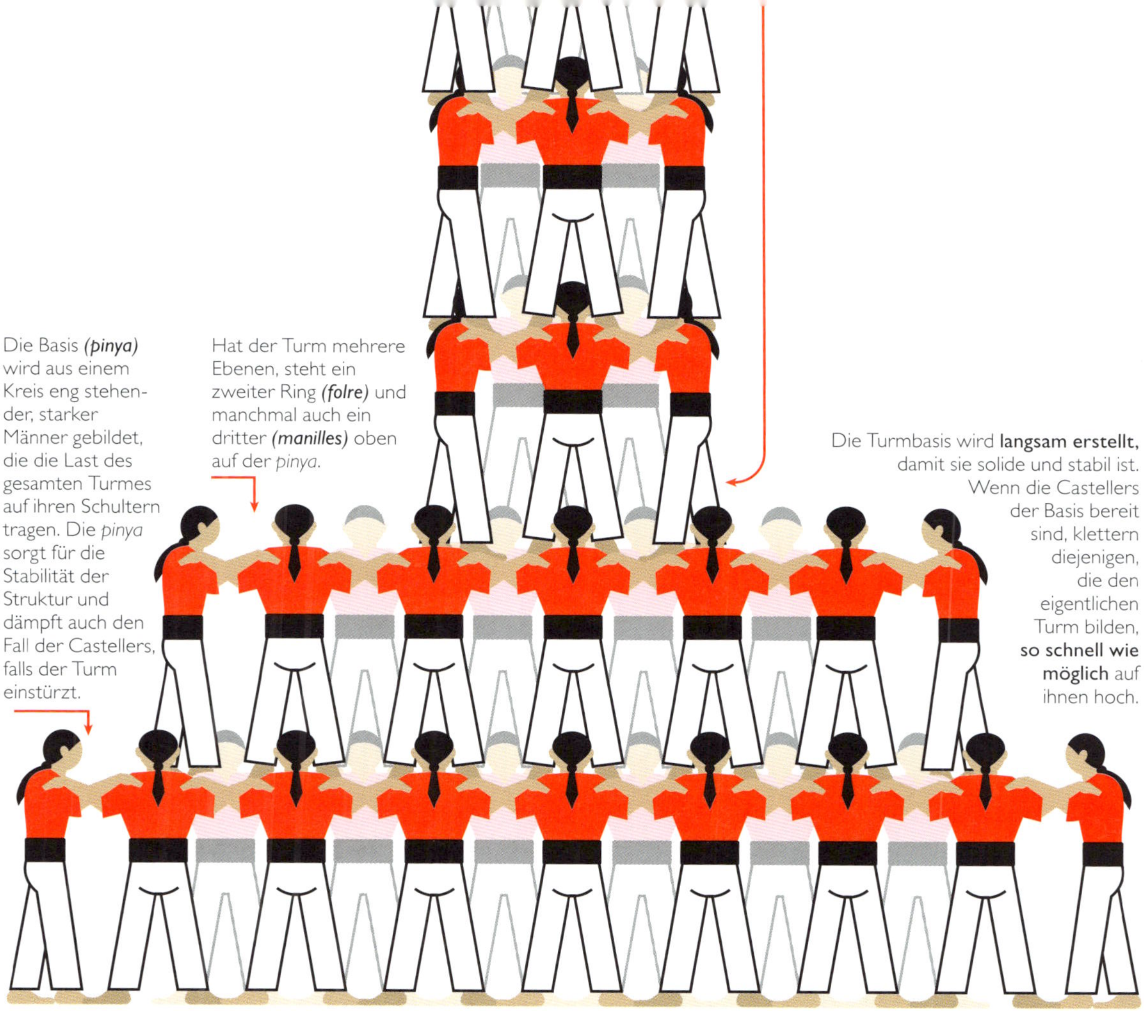

Die Basis ***(pinya)*** wird aus einem Kreis eng stehender, starker Männer gebildet, die die Last des gesamten Turmes auf ihren Schultern tragen. Die *pinya* sorgt für die Stabilität der Struktur und dämpft auch den Fall der Castellers, falls der Turm einstürzt.

Hat der Turm mehrere Ebenen, steht ein zweiter Ring ***(folre)*** und manchmal auch ein dritter ***(manilles)*** oben auf der *pinya*.

Die Turmbasis wird **langsam erstellt,** damit sie solide und stabil ist. Wenn die Castellers der Basis bereit sind, klettern diejenigen, die den eigentlichen Turm bilden, **so schnell wie möglich** auf ihnen hoch.

Begriffe aus dem Turmbau:

Descarregat: Turm vollständig auf- und wieder abgebaut
Carregat: Turm vollständig errichtet, aber beim Abbau eingestürzt
Intent: Aufbau unvollständig
Intent desmuntat: Turm nicht bis zur Spitze aufgebaut, aber erfolgreich abgebaut

Fierljeppen
Kanalspringen

Überall in den Niederlanden
Mai bis September
(Die nationalen Meisterschaften finden Ende August statt.)

Der erste offizielle Wettbewerb fand 1771 statt, schriftlich erwähnt wurde der Kanalsprung bereits im 12. Jahrhundert. Seit 1957 organisiert man sich in offiziellen sportlichen Strukturen, und 1966 gab es schon zwei Ligen. Die Meisterschaften werden seit 1972 abgehalten.

Etwa ein Viertel ihres Landes rangen die Holländer dem Meer ab. Weil es unter dem Meeresspiegel liegt, wird es durch ein **Kanalnetz** entwässert. Die Bauern sprangen lieber über die Kanäle, als den Umweg über die nächste Brücke zu nehmen. In dem heutigen Sport geht es, anders als beim olympischen Stabhochsprung, darum, möglichst **weit** zu springen, nicht hoch.

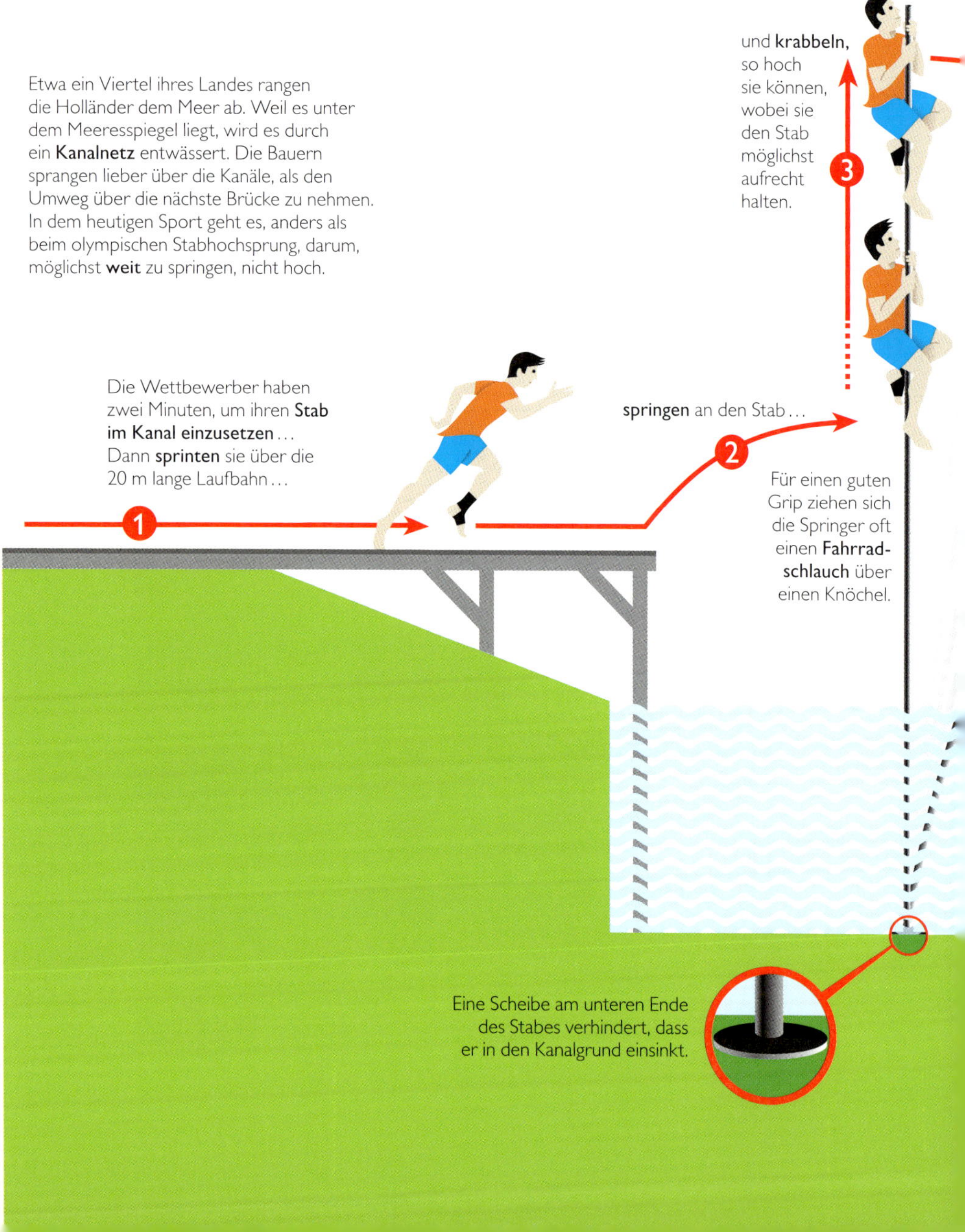

Es ist nicht so einfach, wie man denkt! Die Springer müssen die Richtung des Stabes steuern, während er sich nach vorne neigt. **Für einen weiten Sprung** müssen sie wissen, wann sie am besten loslassen, um in die Sandgrube abzuspringen.

Diese Art Stabhochsprung gibt es auch **in anderen Teilen der Welt** (z.B. USA, Japan), doch dort steht der Spaß im Vordergrund, und Springer landen eher im Wasser als in einer Sandgrube.

Früher waren die **Stäbe** aus Holz, aber heute nimmt man Kohlefaser oder Aluminium. Ein Stab in guter Qualität kostet bis zu 300 EUR. Die maximale Länge beträgt 13 m.

Jeder Wettkämpfer hat drei Versuche.

Etwa ein Drittel der Teilnehmer landet im Wasser (was die Leute herrlich finden).

Der **weiteste bestätigte Sprung** betrug 21,5 m, Amateure schaffen leicht die Hälfte.

Einer Theorie zufolge fiel **Heinrich VIII.** nach einem Stabsprung über einen Bach auf den Kopf, und zusammen mit zwei Turnierverletzungen sorgte dieser Unfall für sein „sprunghaftes" Verhalten (z.B. zwei seiner Ehefrauen die Köpfe abschlagen zu lassen).

Amsterdam Cannabis Cup

Amsterdam, Niederlande
November

Die ursprünglichen Festivitäten und Wettbewerbe wurden 1987 von Steven Hager gegründet, einem amerikanischen Verfechter der Legalisierung von Marihuana. Später erhielten sie den Namen High Times Cannabis Cup. 2015 wurde die Organisation der Amsterdamer Veranstaltung von enthusiastischen Holländern übernommen.

Bei diesem Wettkampf werden **verschiedene Marihuanasorten** beurteilt. Für viele Kategorien werden Preise vergeben, z. B. beste Zubereitung und der höchsten Anteil von CBD in Cannabisprodukten. (CBD steht für Cannabidiol, einen der etwa 110 aktiven Bestandteile in Cannabis).

Auch der beste Messestand und verwandte Produkte erhalten bei der Fachausstellung Preise.

Die beiden Basissorten von Gras:

Sativa *(Cannabis sativa)* wird bis zu 6 m groß mit schmalen Blättern, separierten Zweigen und speerähnlichen Blütendolden.
Wirkt primär auf Bewusstsein und Emotionen.

Die Vorzüge:
- reduziert Depressionen
- lindert Kopfschmerzen/Migräne
- energetisiert und stimuliert
- steigert Konzentration und Kreativität
- wirkt appetitanregend

Indica *(Cannabis indica)* ist eine niedrige, buschartige Pflanze, wird ca. 1,5 m groß und hat breite, überlappende Blätter und dichtere Blütendolden als *Sativa.* **Wirkt vor allem körperlich.**

Die Vorzüge:
- mindert Schmerzen und Entzündungen
- reduziert Augeninnendruck
- entspannt die Muskeln
- wirkt schlaffördernd
- mindert Übelkeit
- wirkt appetitanregend

Die **Counterculture Hall of Fame** wurde 1997 gegründet, um die Geschichte der Cannabisgegenkultur und der Menschen zu feiern, die sie gestaltet haben.

Einige Mitglieder:

- **Bob Marley** (1997)
- **Louis Armstrong** (1998)
- **William Burroughs, Allen Ginsberg, Jack Kerouac** (1999)
- **Bob Dylan** (2002)
- **Tommy Chong, Cheech Marin** (2007)
- **Peter Tosh** (2008)
- **Alexander Shulgin, Ann Shulgin** (2014)

Alexander Shulgin war ein amerikanischer Chemiker und Psychopharmakologe. In den 1970er-Jahren führte er MDMA (Ecstasy) in die Psychologie ein. Mit seiner Frau Ann schrieb er *PIHKAL. A Chemical Love Story* und *TIHKAL. The Continuation*. Darin beschreiben sie ihre Arbeit mit diesen psychoaktiven Drogen.

Wollen Sie vorbeikommen? Der Amsterdam Cannabis Cup ist offen für alle. Es gibt **keine Altersgrenze,** und man kann auch Pauschalreisen buchen. Mit dem Eintritt darf man die Events des Cups, die Messe und Konzerte besuchen. Außerdem hat Amsterdam **etwa 200 Coffeeshops.**

2010 fand in den **USA** der erste High Times Cannabis Cup in San Francisco statt, danach in Colorado, Michigan, Oregon, Südkalifornien und Washington.

2015 gab es auch in **Negril auf Jamaika** einen Cannabis Cup. Dort wird es nun als jährliches Event geplant.

Watt-olümpiade

Brunsbüttel, Deutschland
Juli

Die Olümpiade versank erstmalig 2004 im Matsch. Heute messen sich Teams aus 46 Ländern in Fußball, Volleyball, Handball und einer Art Schlittenrennen. Die Sportler feiern, wie man sich herrlich einsauen und dabei viel Spaß haben kann (und nebenbei viel Geld für einen guten Zweck* sammelt).

*Frei nach dem Motto: „Ein schmutziger Sport für eine saubere Sache".

Die Wattolümpiade wird im Watt der Elbe vor Brunsbüttel ausgetragen.

Das Schlammfestival von Boryeong wird in aufblasbaren Swimmingpools zelebriert.

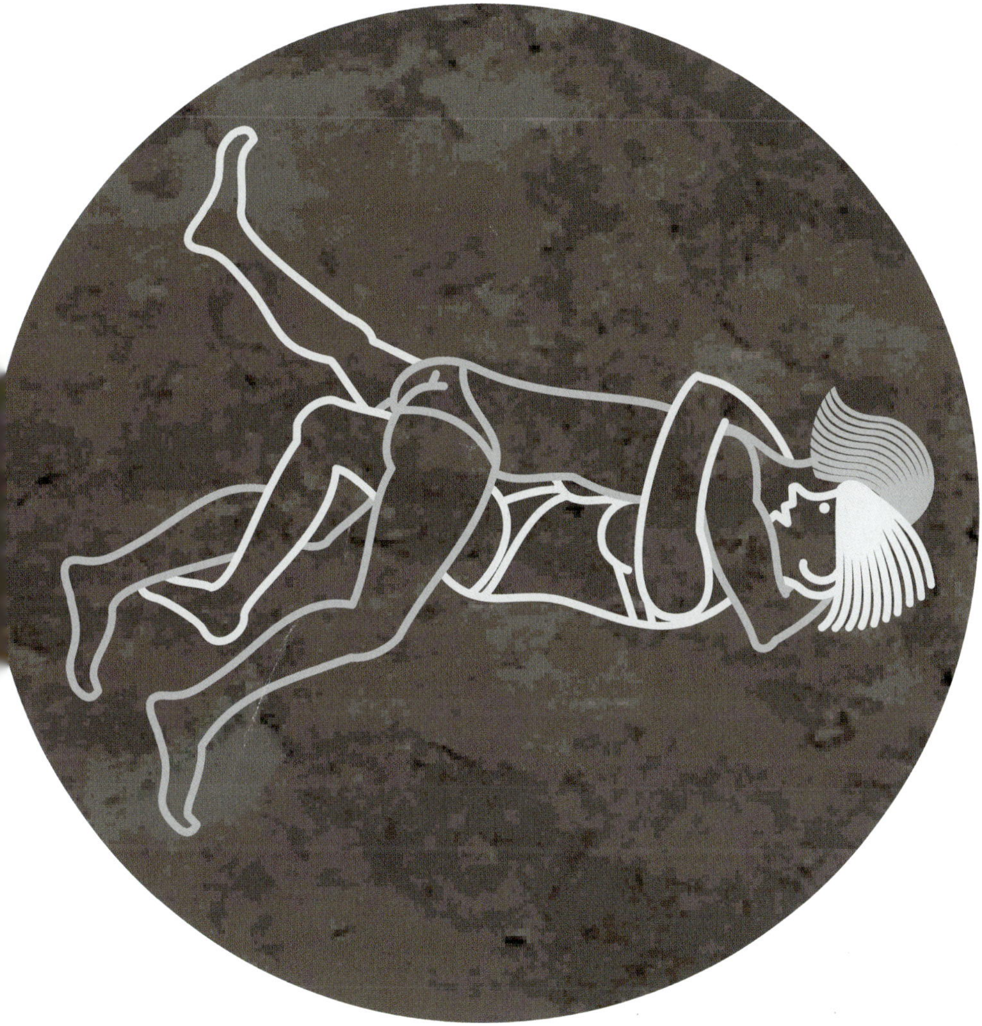

Schlammfestival von Boryeong

Daecheon Beach, Boryeong, Südkorea
Juli

1998 wurde am Strand von Daecheon erstmals ein matschiges Wunderland errichtet: Aus dem nahe gelegenen Watt brachte man 180 t weichen Schlick und füllte sie in riesige, eigens konstruierte Pools. Wer mutig genug ist, ringt und rutscht und wird dreckig. Dann duschen alle oder springen ins Meer. Besonders Mutige lassen sich mit Schlamm massieren oder mit farbigem Schlamm bemalen.

Das Festival begann als Marketinggag für die Boryeong Mud Cosmetics, deren Produkte reich an Mineralien, Bentonite und Germanium sind.

Battaglia delle Arance
Orangenschlacht

Ivrea, Italien
während des Karnevals
im Februar/März

Einmal im Jahr legt man den jahrhundertealten Kampf zwischen den hungernden Bürgern von Ivrea und ihrem tyrannischen Herrscher wieder auf.

Um etwa 1200 v.u.Z. wurde der **grausame Baron von Ivrea** gestürzt, nachdem sich die Müllerstochter **Violetta** kurz vor ihrer Hochzeit gegen ein Gesetz des Tyrannen auflehnte, das ihm das Recht auf eine Nacht mit jeder jungen Braut zugestand.

Zwar suchte sie den Tyrannen in seiner Burg auf, **enthauptete** ihn aber und stachelte damit die Bürger zur Revolte an.

Zu Lebzeiten hatte der Baron den Armen zweimal jährlich **Bohnen** gespendet. Als Zeichen der Verachtung warf man sie nun auf die Straße.

Im 19. Jahrhundert ersetzte man im Karneval die Bohnen durch **Orangen.**

Nach dem Zweiten Weltkrieg entwickelte sich das einfache Werfen von Orangen auf der Parade zu einer **freundschaftlichen Schlacht zwischen den Aranceri (Orangenwerfern), die das Volk verkörpern, und weiteren Werfern, die den bösen Baron repräsentieren.**

Für das Volk:
4.000 Aranceri, zu Fuß in neun Teams aufgeteilt und in verschiedenen Teamfarben.

Vorsicht vor tief fliegenden Orangen:
Die Stadt Ivrea stellt 500 t für das Fest bereit.

Die Armee des Barons repräsentieren 50 Pferdekarren mit jeweils 10 bis 12 Aranceri. Sie tragen Schutzkleidung und Masken in der Art der Rüstungen des 11. Jahrhunderts.

Warum gerade Orangen?
Drei Theorien:

- Sie symbolisieren den Kopf des verhassten Tyrannen.
- Sie symbolisieren die abgeschnittenen Hoden des verhassten Tyrannen.
- Im Italien des 19. Jahrhunderts waren sie das Exotischste, mit dem Mädchen jene Jungs bewerfen konnten, denen sie den Hof machen wollten.

Jedes Jahr stellt in der Parade eine junge Frau die aufmüpfige Violetta dar. Sie trägt ein rotes Kopftuch. Falls Sie dieser Veranstaltung mit 100.000 Zuschauern beiwohnen wollen, sollten auch Sie etwas Rotes auf dem Kopf tragen. Es könnte Ihnen helfen, nicht zum Ziel der Apfelsinenwerfer zu werden.

Calcio Storico Fiorentino
Historischer Fußball

Florenz, Italien
24. Juni
(Feiertag Johannes des Täufers, Schutzpatron von Florenz)

Die Regeln dieser rauen Veranstaltung wurden erstmalig 1580 durch den Florentiner Grafen Giovanni de' Bardi festgelegt. Fußtritt heißt auf Italienisch *calcio*. Tritte gibt es reichlich, ebenso wie Schläge, Kopfnüsse und Ellbogenchecks, es wird gerungen und gewürgt – alles gemischt mit Elementen aus Football und Rugby.

Im 16. Jahrhundert wurde **das Spiel exklusiv von Aristokraten** in den Nächten zwischen Epiphanias (12. Tag nach Weihnachten) und der Passionszeit gespielt.

Heute spielen **vier Teams** gegeneinander, die die historischen Stadtviertel repräsentieren. Die Gewinner der ersten Runde treffen am 24. Juli im Finale wieder aufeinander.

Jedes Team hat 27 Spieler.

- Blau: Santa Croce
- Weiß: Santo Spirito
- Rot: Santa Maria Novella
- Grün: San Giovanni

1. Nach dem **Einwurf** des Schiedsrichters wirft das Team in Ballbesitz den Ball lässig im eigenen Team hin und her …

2. während die **Frontlinie** der Kämpfer versucht, das gegnerische Team durch Boxen, Treten und Ringen zu stoppen.

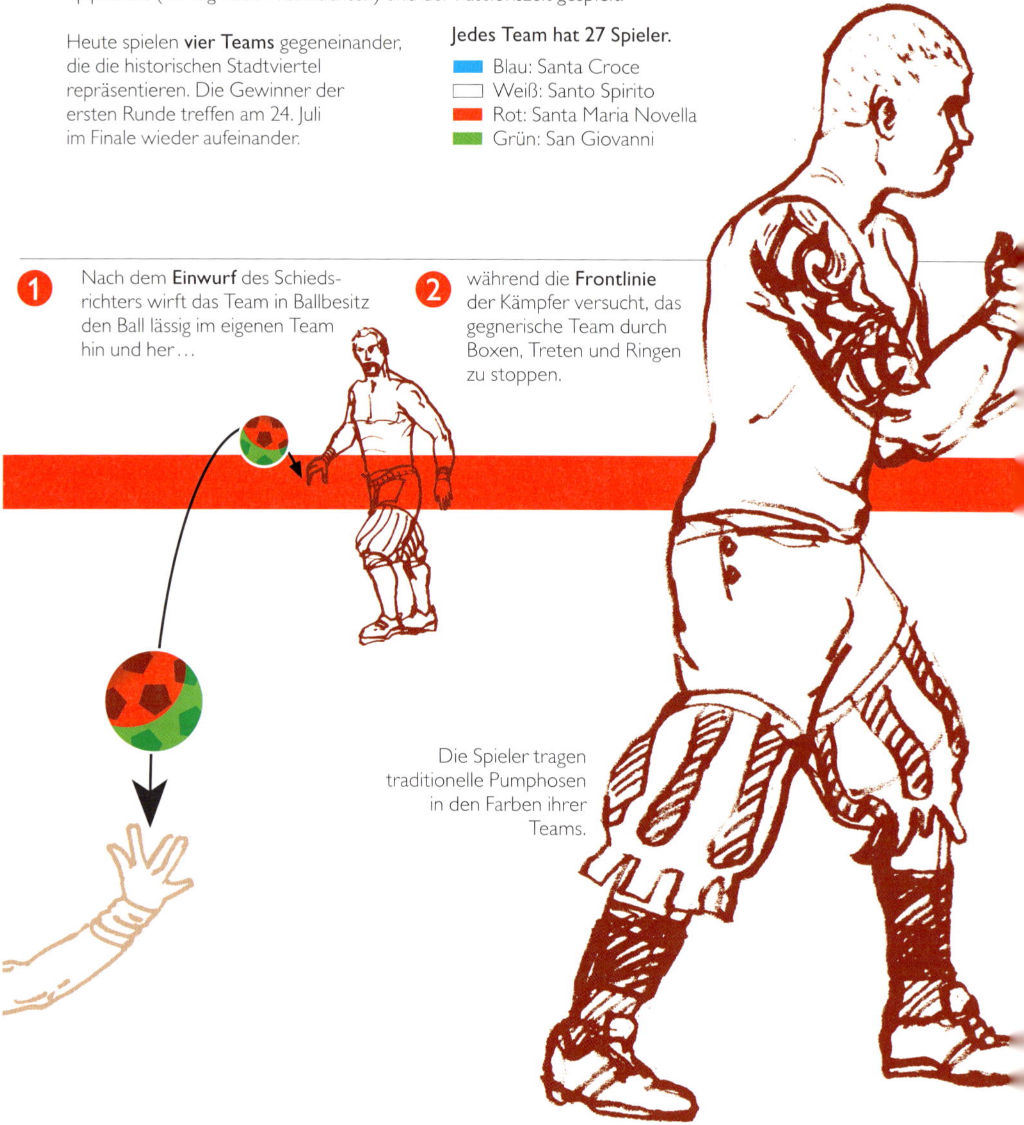

Die Spieler tragen traditionelle Pumphosen in den Farben ihrer Teams.

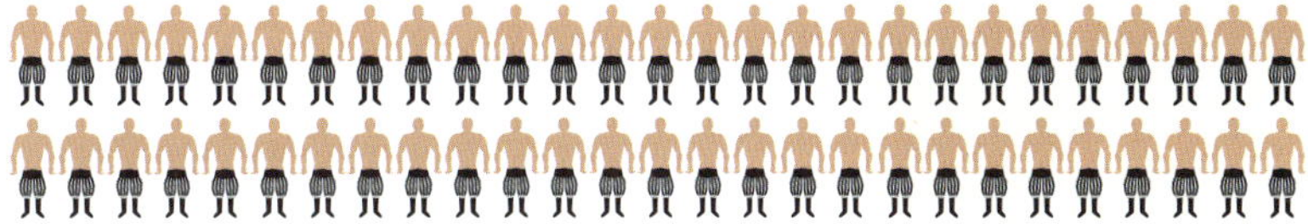

Ein gewaltiges Gedränge auf dem Platz:
zwei Teams mit je 27 Spielern …

plus Schiedsrichter, sechs Linienrichter, ein Feldführer und mehrere Sanitäter.

3 Irgendwann ergibt sich eine Lücke in der Verteidigung, und ein Team kann **punkten** *(cacce)*. Dazu muss der Ball über einen markierten Punkt an der langen Seite der roten Abgrenzung des Spielfelds geworfen werden. Punkte werden auch vergeben, wenn der Ball die beidseitige kurze Abgrenzung des Feldes übertritt.

4 Trotz aller Versuche, die Ordnung zu bewahren (Platzverweis für ausufernde Gewalt), kämpft man weitgehend ungestört.

Zum Beispiel ringen Spieler einander bei Aktionen, die offensichtlich nichts mit dem Spielziel zu tun haben (den Ball zum Punkten nach vorne zu bringen), zu Boden und halten einander dort für lange Phasen des **50-minütigen Spiels** fest.

Basilica di Santa Croce

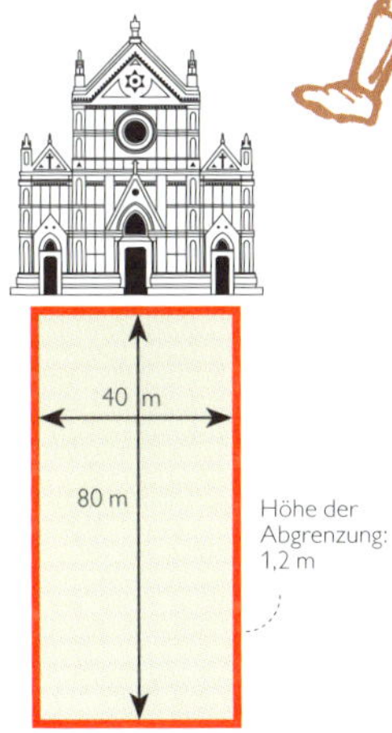

Der Platz vor Santa Croce wird mit Sand bedeckt, damit alles so aussieht wie im 16. Jahrhundert.

Il Palio di Siena
Pferderennen

Siena, Italien
2. Juli und 16. August

An diesem berühmten Rennen (erstmalig 1656 veranstaltet) nehmen 10 Pferde und Reiter teil. Es ist schnell und gefährlich. Immer wieder kommen Pferde ohne Reiter durchs Ziel.

Vor dem Hauptevent gibt es auf der Rennstrecke eine zweistündige Parade (den Corteo Storico). Das Rennen selbst dauert etwa 90 Sekunden.

Der Palio ist bekannt für Bestechung und Kungelei. Jockeys opfern den Siegesruhm und stecken Geld fürs Verlieren ein.

Piazza del Campo
Das Festival dauert 4 Tage, die Vorbereitungen das ganze Jahr.

Für die Zuschauer werden **provisorische Tribünen** ( ) errichtet. Sitzplätze sind teuer und meist lange vorher ausverkauft.

Auch auf den **Balkonen** an den Gebäuden um die Piazza können Zuschauer (•••••••) stehen (man kann sie zum Festival mieten).

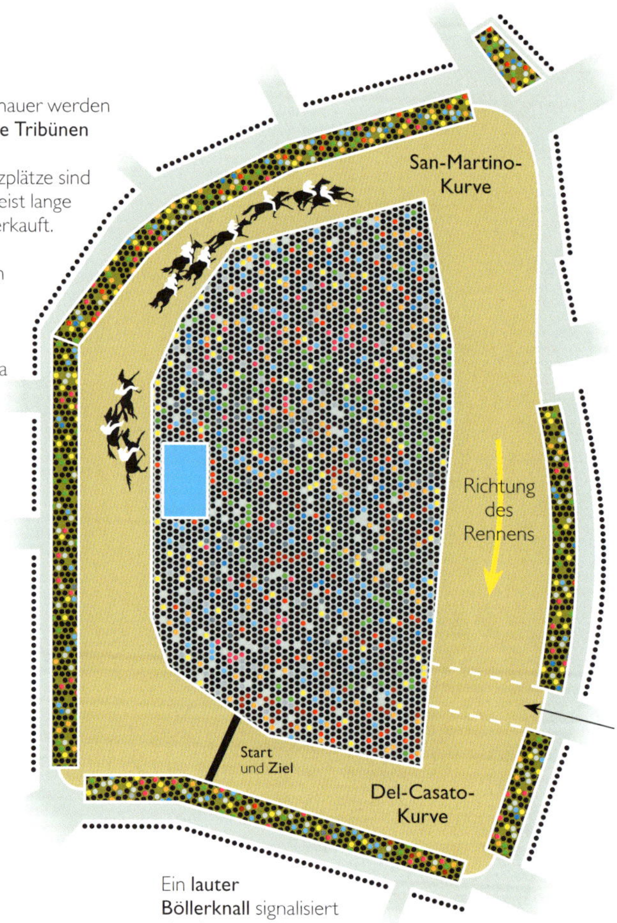

Die Mitte der Piazza ist frei für alle. Die Zuschauer betreten sie morgens durch **diesen Eingang.** Sie müssen sich auf langes Warten einstellen: Der Corteo-Storico-Umzug startet um 17 Uhr. Der Palio im Juli beginnt um 19:30 Uhr und der im August um 19 Uhr.

Ein **lauter Böllerknall** signalisiert den Start des Rennens. Nach **drei Runden** markieren vier Böller das Ende.

Die Jockeys tragen die **typischen Farben** ihrer jeweiligen Stadtteile.

Alles ist erlaubt. Die Reiter reißen und schubsen die anderen Pferde und Jockeys. Peitschen setzt man beim eigenen sowie bei den Pferden anderer ein.

Beim **Palio** geht es sowohl um die Rivalität zwischen den *contrade* (Stadtteile) als auch um das schnellste Pferd. (Innerhalb eines *contrada* gilt der Zweitplatzierte als der eigentliche Verlierer – nicht der Letzte.)

Es gibt **17 Stadtteile** in **Siena.** Der Gouverneur der Stadt beschloss 1729, aus Sicherheitsgründen nur **10 der 17 Bezirke** bei jedem der beiden Rennen des Jahres zuzulassen. (Die sieben, die nicht starten, nehmen am Rennen des jeweiligen Monats im Folgejahr teil. Weitere drei werden ausgelost.)

Das erste Pferd gewinnt, selbst wenn kein Jockey mehr darauf sitzt.

Der Sieger bekommt ein Seidenbanner ***(palio)*** verliehen, das für jedes Rennen von einem anderen Künstler gestaltet wird.

Reinrassige Pferde sind nicht zugelassen. Alle Pferde sind **Mischlinge.**

Die Pferde werden **ohne Sattel** geritten. Selbst guten Reitern fällt es schwer, sich zu halten.

Vor dem Tag des Rennens lässt die Stadt eine 20 cm dicke **Schicht aus Tuff und Sand** auf die Steine der Piazza aufbringen. Das gibt den Hufen etwas mehr Halt.

Der Krampus ist halb Ziege, halb Dämon. Beim Krampuslauf paradieren ungefähr 1.000 von ihnen laut und betrunken auf den Straßen Klagenfurts.

Krampuslauf

Klagenfurt, Österreich
in den Wochen vor dem 6. Dezember (Nikolaustag)

Er ist der düstere Begleiter des **heiligen Nikolaus.** Während Nikolaus den Kindern Spielzeug schenkt, bestraft der Krampus unartige Kinder, verhaut sie mit Birkenzweigen und schleppt sie dann **in seinem Sack** fort, um sie später zu fressen.

(Und sie sehen ja auch wirklich lecker aus! Hmmm!)

Woher die **Legende vom Krampus** stammt, ist unklar, aber vielleicht war er ein vorchristlicher heidnischer Geist, den die katholische Kirche später in den **Teufel** transformierte. Oder vielleicht ist es bloß der Teufel, der aus der Hölle floh und deswegen **rostige Ketten** trägt.

Bei seinem Lauf durch Klagenfurt **rasselt der Krampus mit Ketten,** um die Kinder zu erschrecken.

Nicht nur in Österreich, sondern auch in **Bayern, Italien, Slowenien, Kroatien** und **Ungarn** gibt es zu Weihnachten **Umzüge** mit Nikolaus und Krampus. Doch **Österreich** hat die weitaus größten Krampusfestlichkeiten. (Offenbar sollten österreichische Kinder lieber artig sein!)

Es gibt sogar ein **Krampus-Museum** in Suetschach, etwa 20 km von Klagenfurt entfernt.

Die **weibliche Version** des Krampus ist die heidnische Götting **Perchta.** Oft gibt es parallel zum Krampuslauf auch einen **Perchtenlauf.**

Durch ihre **Maske** ist Perchta ebenso Furcht einflößend wie ihr männlicher Gegenpart. (Vielleicht schrieb man ihr als Frau zu, sich am besten mit bösen Kindern auszukennen.)

Busójárás*
Osmanenjagd

Mohács, Ungarn
in der Woche vor Aschermittwoch im Februar/März

1526 verkleidete sich die in Mohács lebende kroatische Minderheit mit gehörnten Masken und vertrieb unter größtmöglichem Lärm die osmanische Armee. Heute wird dies alljährlich am Ende der Karnevalszeit gefeiert.

*Auf Ungarisch bedeutet der Name laufender Busó. Die Maskierten sind die Busós.

Jeder Busó trägt eine **individuell geschnitzte Holzmaske.**

Heutzutage gibt es auch einige weibliche Busós, aber die Frauen kleiden sich eher als der **Feind:** die osmanischen Türken!

Unverzichtbar: der **Krachmacher!**

Zur Maske trägt der Busó einen **Mantel aus Schaffell** und **wollene Frauenstrümpfe.**

Männer, die Frauenstrümpfe tragen, gehören zur Tradition der **nichtbinären männlich/weiblichen Identität** zur Karnevalszeit.

Montagnacht wird auf einem Karren eine **Strohpuppe** ins Zentrum von Mohács gebracht und dort auf einem **Freudenfeuer** verbrannt, um das alle herumtanzen.

In der Busójárás-Woche wird **viel getrunken,** vor allem von den Busós selbst. Zuschauer werden oft unfreiwillig Teil der Zeremonie, wenn betrunkene Busós sie in die Parade zerren.

Weltmeisterschaft im Hodenkochen

die Dörfer Ozrem und Lunjevica, Serbien
August/September

Ljubomir Erovic rief 2004 ein Festival für die Zubereitung von Hoden ins Leben. Der vollständige Name, Weltmeisterschaft im Zubereiten von Aphrodisiaken und Hodenspezialitäten, bringt die Idee auf den Punkt: durch natürliches Essen zu besserem Sex. (Neben anderen Spitznamen wird es oft als Balls Cup bezeichnet.) Die Köche sind meist Männer, die Besucher überwiegend Frauen.

Das Festival geht über drei Tage:

FREITAG
Die Wettstreiter richten sich im **Balls Cup Camp** ein, auch als Balling Village bekannt (eine Art Zeltstadt). Besucher, die nichts zubereiten, wohnen in einem separaten Camp. Frühes Erscheinen sichert die besten Plätze.

SAMSTAG
findet der **eigentliche Wettbewerb** mit Kochen, Beurteilung durch die Jury und Bekanntgabe der Gewinner statt, gefolgt am Abend von einem Rockkonzert.

SONNTAG
Alle tun sich gütlich an Pizza, Gulasch oder anderen Gerichten, die vom Gewinnerteam aus Hoden zubereitet wurden.

DIE REGELN

- **Erlaubt sind ausschließlich Hoden von Tieren, die wir sowieso verzehren und** deren Testikel bereits zubereitet wurden, als der Wettbewerb ins Leben gerufen wurde.
- Die Teilnehmer müssen sich zehn Tage vor dem Festival registrieren lassen.
- Pro Wettstreiter darf nur ein Hodenrezept zur Beurteilung eingereicht werden.
- Hodengerichte müssen über **offenem Feuer** zubereitet werden (kein Strom oder Gas).
- Wer die **aphrodisiakische Wirkung ausleben** will, muss sich ins Balling Village zurückziehen.
- Wer älter als 65 Jahre ist, muss ein ärztliches Attest vorlegen.
- **Viagra ist untersagt.**

Stier · Hai · Schafbock · Hahn* · Esel · Strauß* · Bär · Rentier

Rehwild

Hengst

Truthahn*

Elch

Ziege

Schwein

Wildschwein

Schwan*

Känguru

Hase

Mufflon

Dachs

*Ja, auch die haben „Eier", dicht bei den Nieren.

Der Gewinner bekommt die offizielle Ball-Cup-Trophäe verliehen.

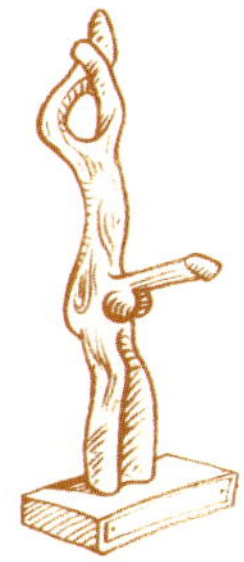

In feiner Gesellschaft heißen Tierhoden auch **weiße Nierchen** oder Prärieaustern. So steht es dann auch auf der Speisekarte.

Vor der Zubereitung muss man die **Außenhaut der Hoden entfernen** und sie dann in einer Mischung aus ⅔ Wasser und ⅓ Wein (oder Zitronensaft) mit Knoblauch, Pfeffer und Gewürzen eigener Wahl einweichen.

Fragen Sie beim Schlachter nach Hoden (gibt's manchmal umsonst). Aber bedenken Sie: Hoden enthalten nicht nur viel **Testosteron, sondern auch Cholesterin.**

Beim Festival gibt es viele verschiedene Gerichte, z.B. **Hoden in Béchamelsauce** mit heimischen Kräutern verfeinert.

Luftgitarren-
Weltmeisterschaft

Oulu, Finnland
August

Die Weltmeisterschaft im Luftgitarrespielen findet seit 1996 in Oulu statt und ist Teil des dortigen Music Video Festival.

Die Organisatoren über die Idee hinter diesem Event: „Alle Kriege würden enden und alles Böse besiegt, wenn nur jeder Luftgitarre spielte.“

Gleichberechtigung
Meist gewinnen Männer, aber 2014 holte eine 19-jährige Japanerin den Weltmeistertitel. Geschätzte 5.000 bis 6.000 Menschen waren Zeugen ihres Sieges.

Die an den **Meisterschaften teilnehmenden Länder** variieren von Jahr zu Jahr. Bisher waren Australien, Belgien, Brasilien, Deutschland, Frankreich, Griechenland, Holland, Japan, Kanada, Norwegen, Russland, Thailand, die USA und natürlich Finnland dabei.

Im Helsinki Science Center steht ein Exponat, das einer **realen Luftgitarre** ziemlich nahe kommt. Eine Infrarotkamera erkennt Distanz und Bewegungen zwischen zwei Datenhandschuhen, die der Gitarrist trägt, und übersetzt sie in die Klänge einer E-Gitarre.

Die Regeln

Das Instrument

- Das Instrument ist **unsichtbar,** d.h. aus Luft.
- Die Teilnehmer spielen elektrische oder akustische Luftgitarre oder beides und dürfen echte Picks benutzen.
- Jeder darf eigene Air Roadies mitbringen, aber keine Backupband.

Finalisten

- **Die Gewinner der nationalen Wettbewerbe und der amtierende Weltmeister** landen direkt im Finale.
- Weitere Teilnehmer qualifizieren sich am Tag vor dem Finale in der Dark-Horses-Runde.

Das Programm

- Jeder Teilnehmer performt zwei 60-Sekunden-Songs in zwei separaten Runden. Einen wählt er selbst, einen weiteren bekommt er erst vor dem Auftrit zu hören.
- Die fünfköpfige Jury beurteilt Originalität, darstellerische Leistung, Bühnenpräsenz, technisches Können sowie *airness* und vergibt für jede Runde Noten zwischen 4.0 und 6.0.
- Der Gewinner erhält ein echtes Instrument: eine speziell angefertigte Flying-Finn-Gitarre.

Weltmeisterschaft im Frauentragen

Sonkajärvi, Finnland
Juli

Dieses Event wurde 1992 von Einheimischen ins Leben gerufen. Seit 1996 ist es eine internationale Veranstaltung und zieht Paare aus Australien, Mitteleuropa, Nord- und Südamerika wie auch aus anderen Ländern der Welt an. Der Legende nach hat der Bösewicht Ronkainen im 19. Jahrhundert in dieser Region Frauen geraubt und verschleppt.

*Viele Gewinner stammen aus Estland.

Wer **Meister im Frauentragen** werden will, sollte diese Tipps der Organisatoren befolgen:

- Das Event besteht zu gleichen Teilen aus Humor und hartem Sport. Jeder darf wählen, mit welcher Einstellung er sich an den Wettbewerb macht.
- Besonders wichtig ist der Rhythmus. Wenn sich die Frau nicht an den Rhythmus ihres Trägers anpasst, drückt das aufs Tempo. Aber wenn sich beide aufeinander einstellen, verschmelzen sie und ergänzen sich gegenseitig.

Zu den zweitägigen Feierlichkeiten gehört auch ein **Teamrennen**, bei dem drei Männer abwechselnd eine Frau tragen. Vor dem Wechsel muss jeder Träger erst den offiziellen „Frauenträgerdrink“ nehmen.

Die Strecke besteht teilweise aus Sand, teils aus Asphalt und ist 400 m lang.

Das Organisationskomitee gibt **den Frauen diesen Tipp:**

- Es ist praktisch, Birkenruten mit sich zu führen (um damit anzutreiben).

Ein Teil der Strecke verläuft durch 1 m tiefes Wasser. Frauen mit biegsamem Rücken sind hier klar im Vorteil!

Man darf eine beliebige Methode wählen.
Diese beiden werden am häufigsten eingesetzt:

Estnische Form

Feuerwehrgriff

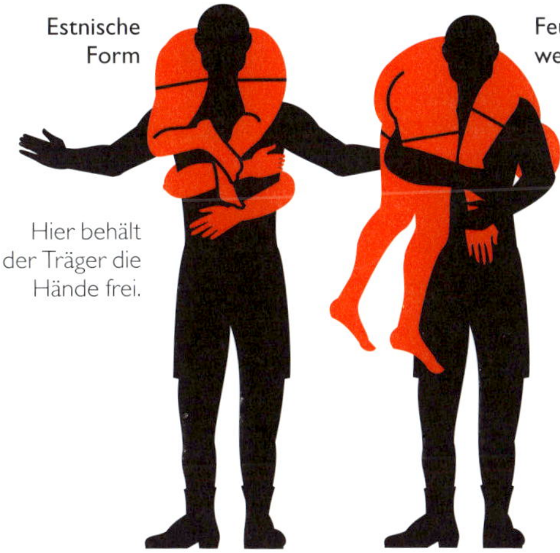

Hier behält der Träger die Hände frei.

Die Regeln
(aufgestellt vom offiziellen internationalen Wettbewerbskomitee für die Regeln beim Frauentragen)

- Die Frau, die Sie tragen, kann Ihre eigene sein oder die des Nachbarn. Sie dürfen sie auch woanders gefunden haben. Allerdings muss sie mindestens 17 Jahre alt sein.
- Als Ausstattung ist einzig ein Gürtel für den Träger erlaubt.
- Alle Teilnehmer müssen Spaß haben.
- Pro Rennen treten immer zwei Paare gegeneinander an. Also ist jeder Durchlauf für sich schon ein Wettkampf.
- Die Frau muss mindestens 49 kg wiegen. Falls sie darunterliegt, bekommt sie als Zusatzgewicht noch einen Rucksack, um auf das erforderliche Minimalgewicht zu kommen.

Neben dem Tauchteil gehören zur Strecke zwei Hindernisse aus Baumstämmen.

Das Paar mit der besten Zeit gewinnt. Als **Siegprämie** wird das Gewicht der Frau in Bier aufgewogen.

Wiegt die Frau 49 kg, sind das 104 Pints.

Weltmeisterschaft im Handyweitwurf

Savonlinna, Finnland
Ende August

Das finnische Übersetzungsbüro Fennolingua organisierte im Jahr 2000 die erste Weltmeisterschaft. Damit kam das Interesse am Handyweitwurf richtig auf Touren. Jetzt schleudert man in ganz Europa Handys um die Wette. Den Gewinnern winkt als Preis die Reise nach …? Savonlinna!

Die ausgemusterten Handys, komplett mit Akku, werden gestellt. Sie wiegen mindestens 200 g. Jeder darf das Modell nehmen, das ihm gefällt.

Der Wettbewerb hat **vier Kategorien:**

JUNIOREN
- bis 12 Jahre
- ein Wurf pro Teilnehmer
- traditioneller Wurf über Kopf
- Der weiteste Wurf gewinnt.

FREESTYLE
- keine Altersgrenze
- Einzel- und Teamteilnahme
- pro Teilnehmer ein Wurf
- Stil und Ästhetik werden bewertet
- 1 bis 6 Punkte werden vergeben.
- Höchste Punktzahl gewinnt.

ORIGINAL
(Frauen und Männer getrennt)
- pro Teilnehmer ein Wurf
- traditioneller Wurf über über Kopf
- Der weiteste Wurf gewinnt.

TEAM ORIGINAL
(max. 3 Personen pro Team, gemischt)
- pro Teilnehmer ein Wurf
- traditioneller Wurf über Kopf
- Das Team mit der größten Gesamtweite gewinnt.

Wo landen all die Handys?

Ursprünglich wurde das Event von Nokia ins Leben gerufen mit dem Ziel, das **Recycling** von Handys voranzutreiben. Offenbar wurden sie nicht weiterverwertet, sondern überall in Finnland einfach in Seen geworfen. Zumindest die Akkus gehören aber in den **Sondermüll.**

Auf Mülldeponien besteht ein Großteil des Giftmülls aus elektronischen Komponenten (natürlich nicht nur Handys). Die **Weltmeisterschaft im Handyweitwurf** will verhindern, dass toxische Elemente (und die Emissionen beim Verbrennen) **unsere Luft und unser Wasser** verseuchen.

Weltrekorde
(Stand 2017)

Herren: 110,4 m
(weiter, als ein Fußballfeld lang ist)
Damen: 67,58 m

Andere Länder mit Handyweitwurf:

- Belgien
- England
- Indien
- Kanada
- Liechtenstein
- Norwegen
- Spanien
- Tschechische Republik
- USA

Rouketo-polemos
Der Raketenkrieg

Vrontados, Griechenland
Ostern

Im 19. Jahrhundert sollen die osmanischen Besatzer den Einwohnern der Insel Chios verboten haben, das Osterfest kirchlich zu feiern.

Dies führte zu einem „Raketenkrieg“ zwischen den Bewohnern des Dorfes Vrontados.

Neben dem Verbot der Osterfeierlichkeiten **konfiszierten die osmanischen Besatzer alle Waffen in Vrontados,** um einen Aufstand zu unterbinden.

Als Reaktion darauf **täuschten die Dörfler einen Krieg vor** und feuerten selbst gebaute Raketen ab, ähnlich wie heutige Feuerwerksraketen.

Und es klappte! Die Einheimischen durften ihre Gottesdienste zu Karfreitag und Ostersonntag wieder abhalten.

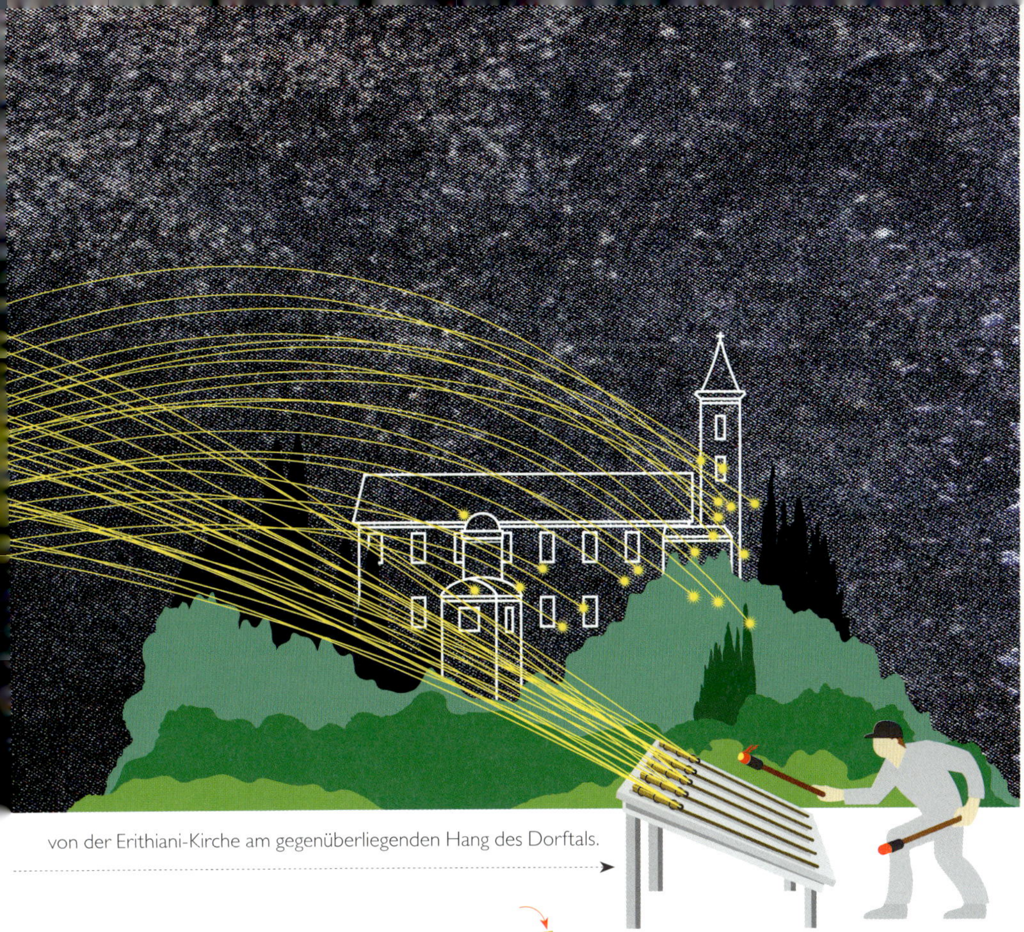

Die beiden Kirchen und ihre Nachbargebäude werden durch Metallplatten geschützt.

von der Erithiani-Kirche am gegenüberliegenden Hang des Dorftals.

Die Teams der orthodoxen Kirchen **Agios Marcos** (dem heiligen Markus geweiht) und **Erithiani** (der Jungfrau Maria) beginnen gleich nach Ostern mit den Vorbereitungen der Raketen für das folgende Jahr.

An langen Holzstöcken werden Karton-röhren befestigt und mit Schieß-pulver gestopft.

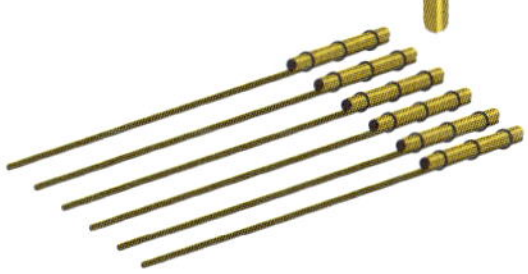

Zwischen 20 Uhr am Ostersamstag und 12:30 Uhr am Ostersonntag **feuern die beiden Teams etwa 60.000 Raketen auf die gegnerische Kirche.** Das Team, das den Glockenturm der anderen Kirche trifft, hat gewonnen.

Weil sich immer beide Teams zum Sieger erklären, beschließt man, die Auseinandersetzung im nächsten Jahr zu klären. Und so lebt die Tradition weiter.

Yağlı Güreş
Kırkpınar
Ölringkampf

Edirne, Türkei
Frühsommer

Ölringkampf ist der türkische Nationalsport. Seit 1362 wird das Kırkpınar-Turnier jährlich abgehalten. Somit gebührt ihm der Titel der ältesten kontinuierlich stattfindenden Sportveranstaltung der Welt.

Das dreitägige Ausscheidungsturnier findet in einer großen Grasarena statt.

Vor dem Kampf **übergießen sich die Ringer gegenseitig mit Olivenöl.**

Sie tragen lederne ***kisbets.*** Diese Kniebundhosen reichen von unterhalb des Bauchnabels bis übers Knie. Sie werden traditionell aus Wasserbüffelleder hergestellt.

Die Ringer dürfen in den *kisbet* greifen, um einen besseren Griff zu bekommen. Doch die Hoden des Gegners sind zum Glück tabu.

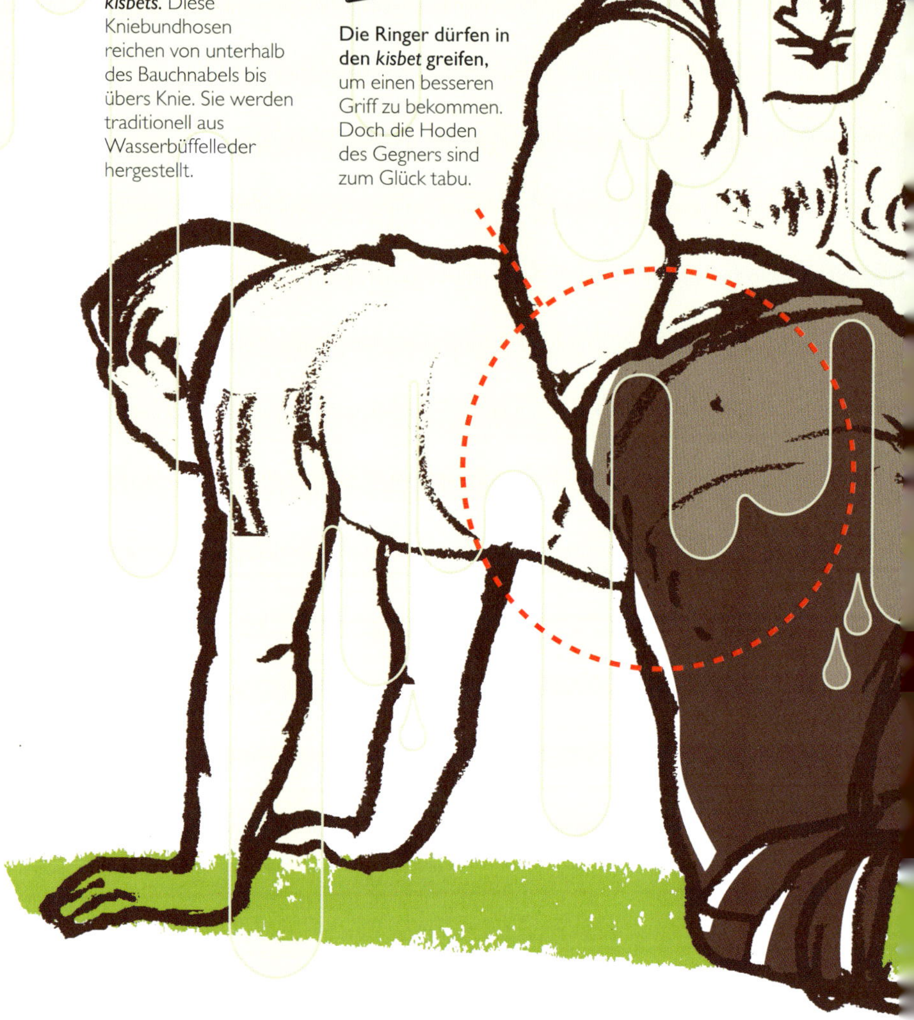

Jedes Kämpferpaar hat seinen **eigenen Schiedsrichter.**
Die Ringer sind nicht auf einen bestimmten Bereich der Arena festgelegt. Also hält sich der Schiedsrichter dicht bei ihnen auf und muss manchmal sogar hinterherrennen.

Der Kampf ist gewonnen, wenn …

- ein Ringer den Bauchnabel seines Gegners „zum Himmel" gedreht hat.
- ein Kämpfer aufgibt.
- einer den Gegner vom Boden heben und ihn fünf Schritte weit tragen kann.
- ein ***kisbet*** so weit herabgezogen wurde, dass der Kämpfer sich beim Aufstehen entblößen würde. (Hose weg, Sieg weg.)

Ursprünglich gab es kein Zeitlimit (Kämpfe konnten den ganzen Tag dauern), aber seit 1975 sind die Kämpfe in den Ausscheidungsrunden **auf 30 und im Finale auf 40 min** begrenzt.

Gibt es dann noch keinen Sieger, ölen sich die Kämpfer erneut ein und ringen weiter. In dieser **Verlängerung gilt:** Wer seinen Gegner zuerst zu Boden wirft, gewinnt.

Ein wichtiger Bestandteil des Events sind **Respekt und Anteilnahme,** die die Ringer einander zeigen. Nach jedem Kampf umarmt der Sieger den Verlierer und verlässt mit ihm Arm in Arm die Arena.

Ölringkämpfe gibt es historisch in **Griechenland** und **Mazedonien.** Seit Kurzem ist dieser glitschige Sport auch in den **Niederlanden** und **Japan** populär.

Deve Güreşi
Kamelringen

Selçuk, Türkei
3. Sonntag im Januar
(In der türkischen Ägäisregion gibt es jährlich von November bis März ca. 30 Kamelringenevents.)

In freier Wildbahn kämpfen männliche Kamele miteinander – um das Weibchen, worum sonst? Seit 2.400 Jahren organisieren türkische Stämme formale Wettbewerbe. In den 1920er-Jahren betrachtete man Kamelkämpfe als rückständig, aber der Sport wurde in den 1980ern als Teil der historischen türkischen Kultur wiederbelebt.

Man führt ein brünstiges weibliches Kamel dicht an **zwei Kamelhengsten** vorbei, die dann um das Weibchen kämpfen (manchmal kämpfen auch deren Besitzer miteinander).

Beim Kampf schäumen die Kamele und verspritzen überall ihren **Speichel**.

Kamele **urinieren außerdem nach hinten.** Das sollte man als Zuschauer stets bedenken.

Gelegentlich **„verpissen“** sie sich auch aus der Kampfarena. Auch hier sollte man als Zuschauer wachsam sein.

Die ca. 2.000 türkischen Kampfkamele werden für den Wettbewerb gezüchtet und treten in Gewichtsklassen eingeteilt gegeneinander an. Mit 10 Jahren beginnen sie ihre Kampfkarriere, die etwa 10 weitere Jahre dauert.

Manche Kamele greifen von links an, andere von rechts. Einige versuchen, den Gegner ins Stolpern zu bringen, wieder andere drängen ihn einfach zur Seite.

Der **Gewinner** wird deklariert, wenn der Unterlegene:

- zu Boden fällt
- flieht
- oder schreit!

Falls ein Besitzer um sein Kamel fürchtet, wirft er **ein Seil in die Arena** und überlässt den Sieg dem Gegner.

Die Eigentümer geben ihren Tieren häufig die **Namen** von Herrschern oder Politikern.

Vor den Kämpfen werden die Tiere mit prachtvollen Teppichen dekoriert und treten in **Schönheitswettbewerben** gegeneinander an.

Die Events finden immer **sonntags** statt, meist in Fußballstadien. Ein Kampf dauert 10 min. Hat bis dahin keines geschrien, ist umgefallen oder weggelaufen, werden Punkte für Bewegung und Agilität vergeben.

Bei bestimmen Anlässen wird den Zuschauern auch **Kamelfleisch** serviert.

Tierschutzorganisationen ächten den Sport als **grausam.**

Nur zur Erinnerung:
Kamele haben einen …

und Dromedare zwei Höcker.

Afrika, Asien und Ozeanien

Deegal*
Treiben des Viehs

Diafarabé, Mali
Ende Dezember oder Anfang Januar
(Das genaue Datum, stets ein Samstag, wird abhängig vom Wasserstand des Niger bestimmt.)

Seit der Gründung von Diafarabé im Jahr 1818 ist Deegal das wichtigste Festival für den Stamm der Fulbe und ihre Herden. Während der Regenzeit überflutet der Niger die Region und treibt das Vieh nach Norden, aber nach dem Monsun sinkt der Wasserstand wieder. So können die Herden über den Fluss in die Heimat zurückkehren.

*auch Dewgal

Die Hirten der Fulbe queren den Fluss mit ihren Herden und schlagen auf das Wasser, um das Vieh in der Gruppe zu halten.

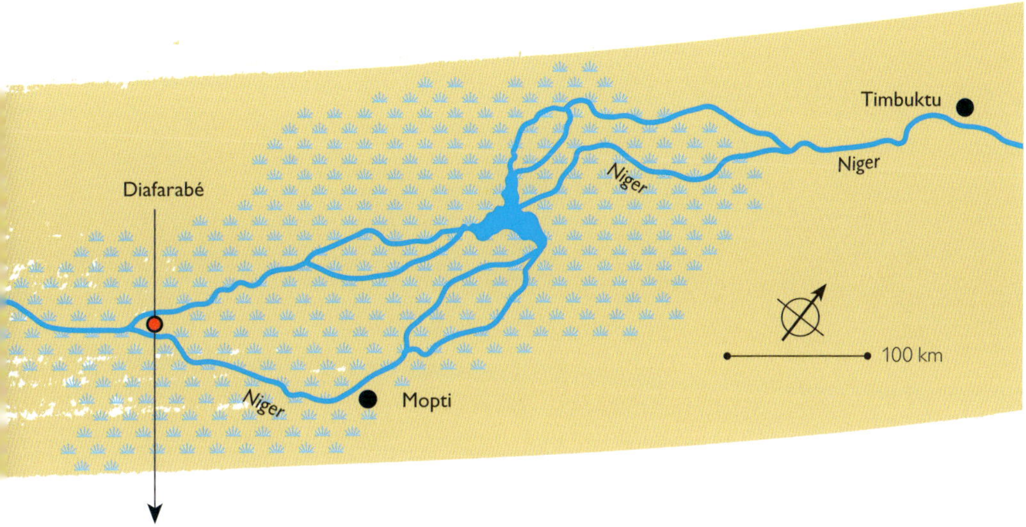

Vieh kann den Niger an vielen Stellen überqueren, aber **Diafarabé** ist immer die erste, denn hier beginnt das Inlanddelta des Niger.

Das Ziel ist, zu den **besten Weidegründen *(burgu)*** zu gelangen.

Beim Queren gibt es eine strenge Reihenfolge:

- Vieh, das einem Dorfoberhaupt gehört
- Vieh, das mächtigen muslimischen Führern gehört
- Vieh, das dem leitenden Hirten gehört, der für die *burgu*-Weiden verantwortlich ist
- Vieh, das anderen gehört

Der Wettkampf
Ist die Überquerung abgeschlossen, bewertet eine Jury, wessen Tiere im besten Zustand sind, und der **Beste Hirte** wird geehrt.

Cure Salée

Festival der Nomaden

Ingal, Niger
September

Seit Jahrhunderten treffen sich die Stämme der Tuareg und Wodaabe einmal im Jahr für drei Tage am Ende der Regenzeit, unter anderem für den Schönheitswettbewerb Guérewol. Er wird nur unter Männern ausgetragen und spiegelt die kulturelle Bedeutung von Schönheit für die Traditionen der Region wider.

Die Tuareg und der viel kleinere Wodaabe-Stamm treffen sich an den Salzseen von Ingal (*cure salée* ist französisch für Salzkur). Dort **bereiten sie ihre Rinder- und Ziegenherden für den Zug nach Süden vor,** wo sie in der kommenden Trockenzeit leben werden.

Die nigerianische Regierung wollte das Festival als Touristenattraktion für westliche Besucher bewerben. Das wird von den Stammesleuten nicht sonderlich geschätzt.

Verschiedene Organisationen wie UNICEF nutzen das **Cure Salée**, um **über Hilfen gegen HIV, Malaria, den Guineawurm und Mangelernährung zu informieren.**

Das Cure Salée ist auch **sozialer Treffpunkt:** Nach monatelangem getrennten Leben tauschen die Stämme Nachrichten aus und handeln untereinander. Das kleine 500-Seelen-Dorf Ingal wächst auf 50.000 Menschen an.

Für das Volk der Wodaabe ist es auch die Zeit des **Brautwerbens und der Hochzeiten.**

Während des **Guérewol** schminken Männer ihr Gesicht mit einem **aufwendigen roten und schwarzen Make-up,** tragen **traditionelle Haartrachten** und nehmen an Tänzen wie dem traditionellen Verführungstanz Yaake teil, um die Aufmerksamkeit der nach Ehemännern suchenden Wodaabe-Frauen zu erzielen. Einige der Frauen sind bereits verheiratet. Aber **in der Wodaabe-Kultur ist ein zweiter oder dritter Mann okay,** solange der Neue nur gut aussieht.

Symmetrische Gesichter werden von den Frauen höchst geschätzt. Das Make-up der Männer betont ihre Symmetrie.

Zum Guérewol gehört stundenlanges Tanzen. Zur Unterstützung nehmen die Männer einen **Tee aus fermentierter Rinde** zu sich, der übrigens halluzinogen wirken soll.

Obwohl offiziell auf drei Tage begrenzt, kann das **Cure Salée Wochen dauern,** während denen nomadischen Gruppen in Ingal bleiben.

Evala
Ringen als Initiationsritus

Kara, Togo
Juli

Die beiden Evala-Wochen finden am Ende eines langen Initiationsritus für junge Kabyé-Männer statt. In der Woche vor dem Event ziehen sie sich zurück, essen Unmengen Hundefleisch* und haben keinen Sex (geben Mädchen nicht mal die Hand), bevor sie miteinander um das Recht ringen, eine Frau zu wählen.

*Siehe Spalte auf der anderen Seite. ----➤

Hunde essen?

Hundefleisch ist in diesem Teil der Welt ein gängiges Nahrungsmittel, aber als Teil des Events kontrovers. Aus Angst, die Touristen aus aller Welt zu verschrecken, befürworten es die Evala-Offiziellen nicht immer.

Die jungen Ringer glauben, dass ihnen der Verzehr von Hundefleisch mehr **Ausdauer** und darüber hinaus „hündische“ Eigenschaften verleiht: **Loyalität, Mut, Intelligenz, Gerissenheit** und **Treue.**

Vor jedem Kampf reiben sich die Ringer mit dem **Fett eines toten Hundes** ein, damit ihr Körper schwerer zu fassen ist.

156

Dinka und Bodi Fat-Man-Wettstreit

Dörfer im Südsudan (Dinka-Stamm) und Äthiopien (Bodi-Stamm)
Bestandteil der Neujahrszeremonie im Juni

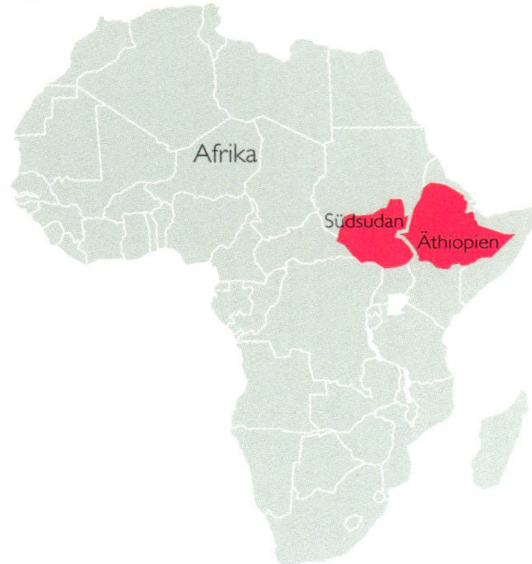

Das Gegenteil von Diät! Hier werden alle geehrt, die wirklich fett werden.

Ein wesentlicher Unterschied zwischen beiden Wettkämpfen: Im Südsudan haben **Dinka-Männer vier Monate Zeit,** um möglichst fett zu werden, die **Bodi-Männer** in Äthiopien hingegen **sechs.**

Jedes Dorf wählt einen unverheirateten Mann. Er geht in seine Hütte, ernährt sich praktisch nur liegend und bewegt sich möglichst nicht (also auch kein Sex), um **so wenig Kalorien wie möglich zu verbrennen.**

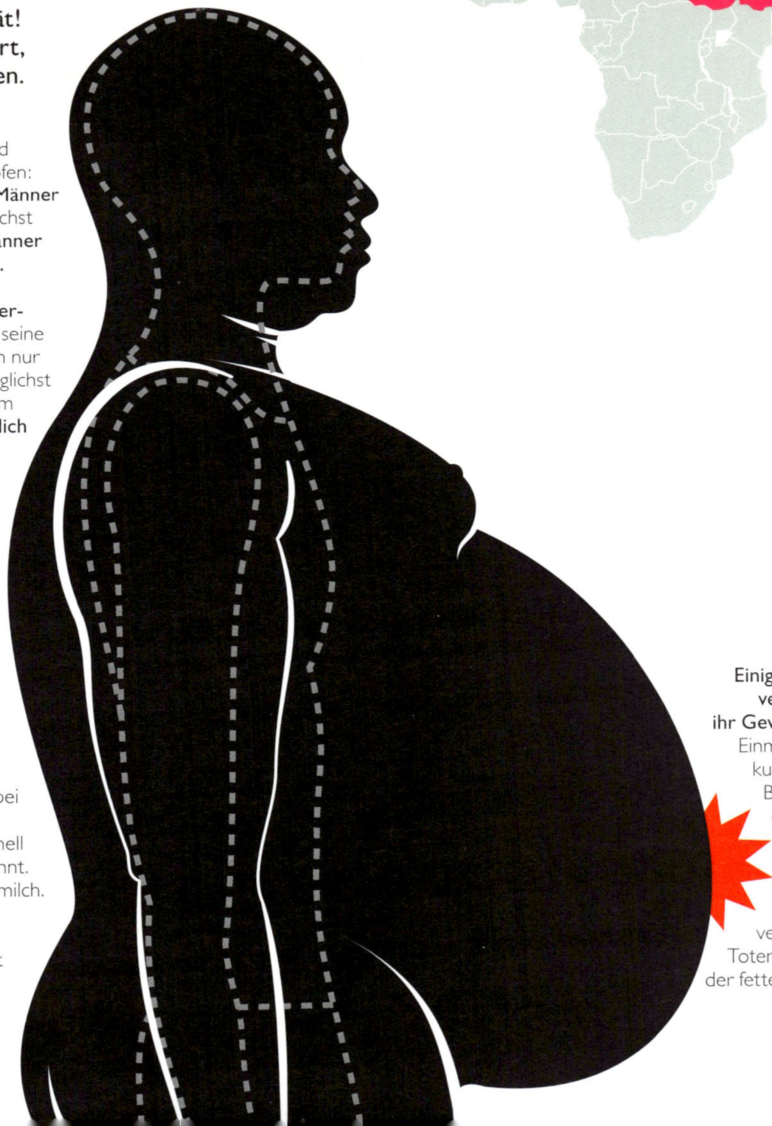

Frauen bringen Nahrung und trinken auf die Männer. In Äthiopien wird eine Mischung aus **Kuhblut und Milch** gereicht. Den ersten 2-Liter-Trunk bekommt er bei Sonnenaufgang. Da es hier sehr heiß wird, muss er schnell trinken, weil sonst alles gerinnt. In Südsudan gibt es nur Kuhmilch.

Weil Kühe heilige Tiere sind, entnimmt man das Blut einer Vene und schließt die Blutung hinterher mit Lehm.

Einige Männer verdoppeln ihr Gewicht fast. Einmal platzte kurz vor der Bewertung der Bauch eines Teilnehmers. Die Jury verlieh dem Toten die Ehre, der fetteste Mann zu sein.

Am Tag der Zeremonie bedecken sich die Männer mit Asche und weißem Ton, bevor sie aus ihren Hütten wanken. Meist müssen sie sich auf einen Stock stützen, weil ihre Muskeln nach langer Bewegungslosigkeit verkümmert sind. Dann **paradieren sie nackt um einen heiligen Baum,** damit die Gemeinschaft Umfang und Größe des Bauchs beurteilen kann.

Der Gewinner bekommt keinen Preis, wird aber sein Leben lang gefeiert. Außerdem betrachtet man dicke Menschen als reich. **Junge Frauen hoffen, einen fetten Mann zu heiraten** (nachdem er sein Gewicht verloren hat).

Und tatsächlich **verlieren die meisten das zugelegte Gewicht** in etwa der gleichen Zeit, wie sie fürs Zunehmen benötigt haben. Falls sie den Wettkampf nicht gewinnen, werden sie natürlich versuchen, im nächsten Jahr ihr Dorf erneut zu vertreten.

Die Dinka gehören zu den **größten Menschen der Welt.** Manute Bol, mit 2,40 m einer der größten amerikanischen Basketballspieler überhaupt, war Dinka.

Das wäre er (die gepunktete Linie) --------> im Vergleich zu einem der fetten Männer.

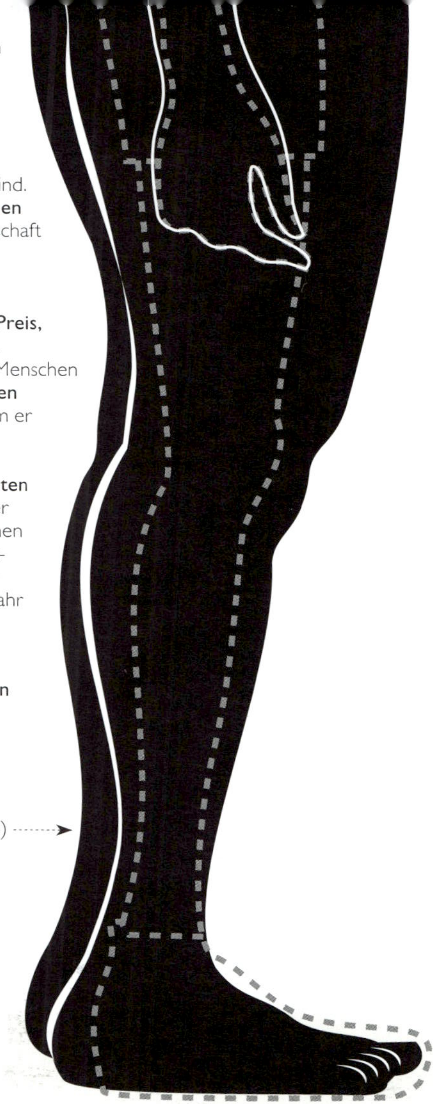

Der Fotograf Eric Lafforgue hat den Wettbewerb der Dicken dokumentiert. Diese schwarze Silhouette basiert auf einem seiner Bilder.

Die Behörden versuchen, die Mästwettbewerbe zu verbieten, weil sie Faulheit fördern. Während des Wettstreits 2016 im Südsudan wurden 17 Dinka-Männer verhaftet, weil sie versuchten, sich zu mästen.

Mwaka Kogwa
Neujahrsfest

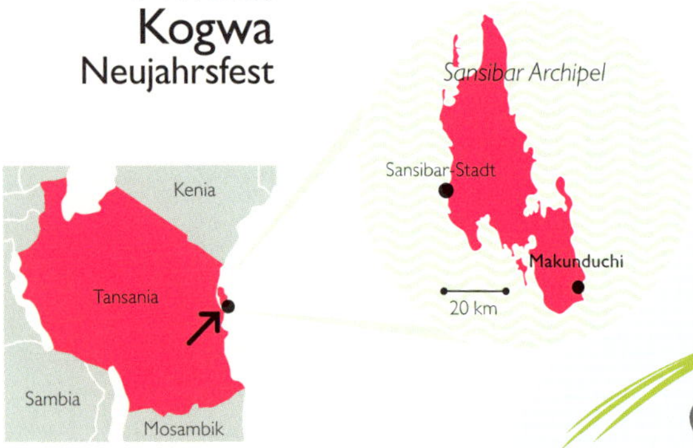

Makunduchi,
Sansibar, Tansania
Juli

Als Teil der Feierlichkeiten, die auf das persische Neujahrsfest der Schirasi zurückgehen, schlagen sich die Männer gegenseitig mit Bananenstielen. Später setzen sie eine Schilfdachhütte in Brand. Das geschieht in ganz Tansania, aber am besten erlebt man es in Makunduchi (im Süden der tansanischen Insel Sansibar, vor der Ostküste Afrikas).

Bananenstiele sind die Teile des Bananenbaums, an denen die Bananen (irgendwie kopfüber) wachsen.

Aus diesem Teil kann man auch Papier herstellen.

Bei diesem ritualisierten Kampf lassen die Männer richtig Dampf ab. **Er befreit von allen Sorgen und ermöglicht einen guten Start ins neue Jahr.**

Während die Männer kämpfen, tragen die Frauen ihre besten und buntesten Kleider und singen über die Liebe und das Leben.

Abhängig von der Zugrichtung des Rauchs werden **Vorhersagen für das neue Jahr gemacht.**

Bei diesem Festival **ist jeder willkommen.** Einheimische sind überzeugt, dass jedem, der beim Mwaka Kogwa ohne Gast bleibt, kein glückliches Jahr bevorsteht.

Touristen brauchen sich nicht mit Bananenstielen (oder anderen Dingen) zu schlagen.

2

Eine kleine Schilfhütte wird gebaut, in Brand gesetzt und wieder gelöscht. Dieses Ritual soll verhindern, dass jemand in seinem Haus stirbt, falls es im kommenden Jahr abbrennt.

Zum Abschluss wird am Strand mit Tanz und reichlich Essen weitergefeiert.

Bokdrol Spoeg

Kudu-Dung-Weitspucken

Kirkwood, Südafrika
das ganze Jahr
(Die beste Zeit für die Kudu-Jagd ist zwischen Mai und November.)

Jäger nehmen schon seit Ewigkeiten Kudu-Dungkügelchen in den Mund und spucken sie so weit wie möglich. Doch erst seit 1994 hat die Gemeinschaft der Afrikaner in Südafrika diese recht eklige Sache als Sportart formal anerkannt.

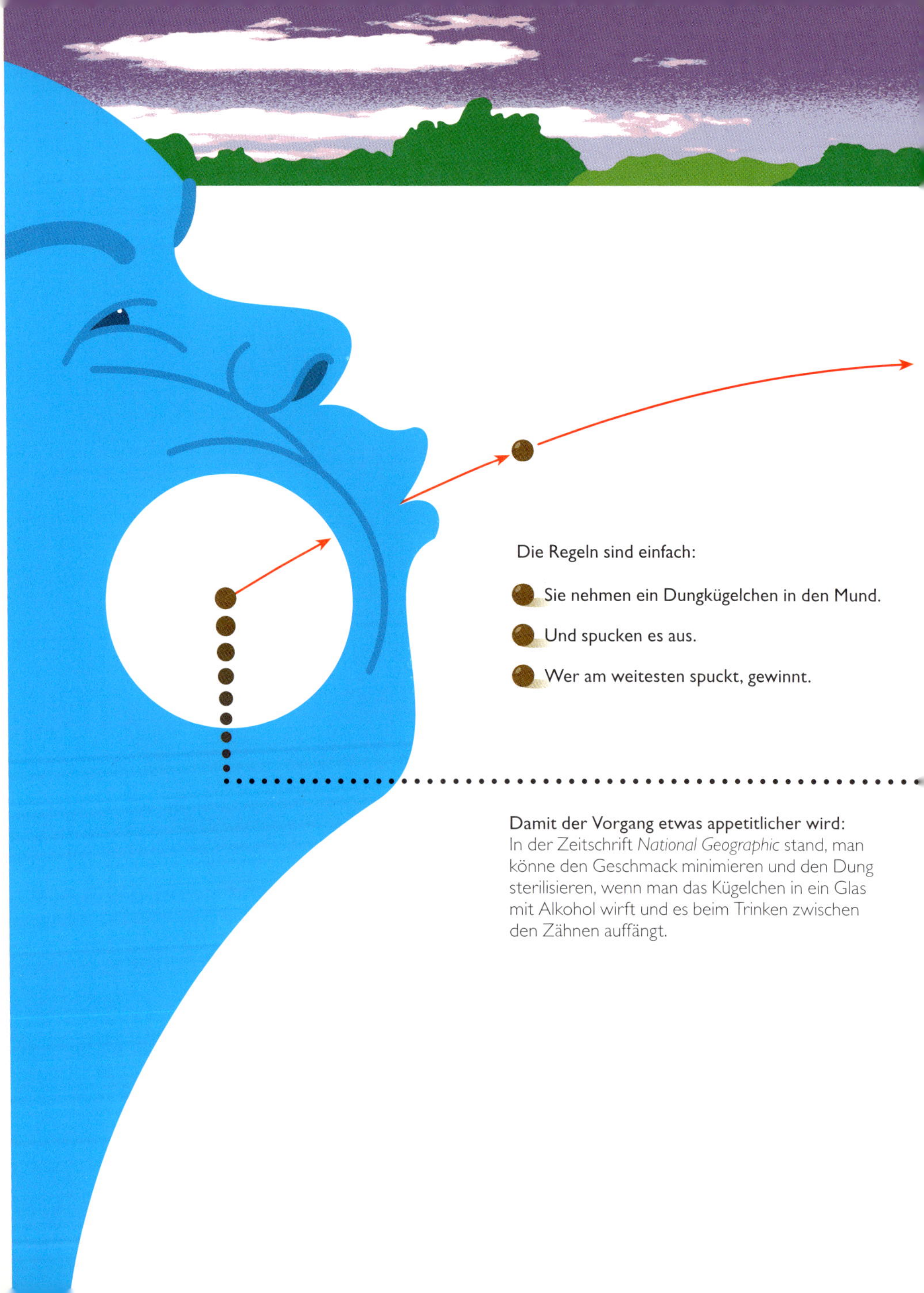

Die Regeln sind einfach:

- Sie nehmen ein Dungkügelchen in den Mund.
- Und spucken es aus.
- Wer am weitesten spuckt, gewinnt.

Damit der Vorgang etwas appetitlicher wird:
In der Zeitschrift *National Geographic* stand, man könne den Geschmack minimieren und den Dung sterilisieren, wenn man das Kügelchen in ein Glas mit Alkohol wirft und es beim Trinken zwischen den Zähnen auffängt.

2015 wurde beim Lady of the Lake Festival im **nordirischen Irvinestown** ein **Wettspucken mit Schafsdung** durchgeführt.

Der Organisator wurde fotografiert, wie er unter dem Hinterteil eines Schafs am Boden liegt und Dungkügelchen im Gesicht hat. Im Ernst.

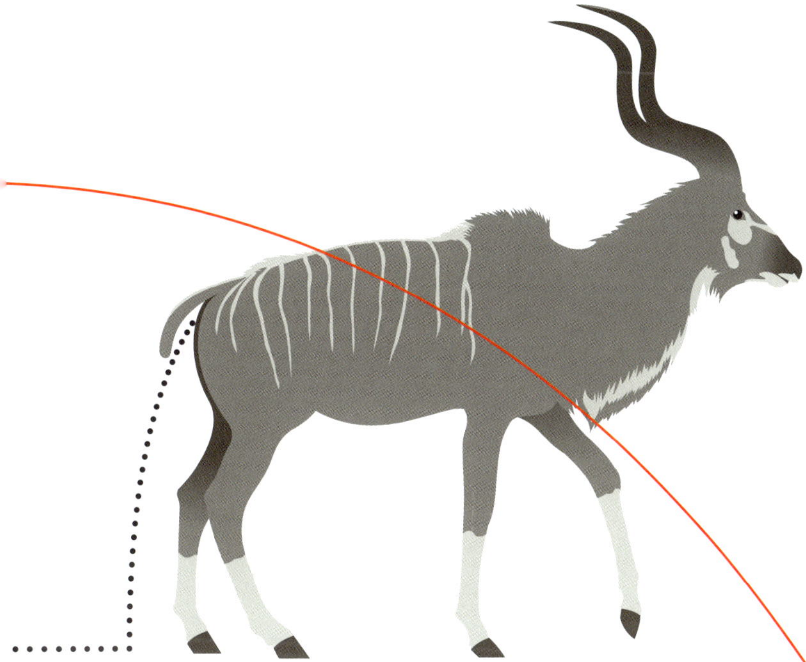

Kudu sind eine Antilopenart, die schwer zu fangen ist. Auf der Flucht vor Jägern hinterlässt sie eine Spur aus Dungkügelchen. Die Jäger erfanden das Spiel als Zeitvertreib, während sie die Kudu suchten.

Distanzrekorde bei anderen Spuckereien:

Kirschkerne 29 m
Wassermelonenkerne 21 m
Braune Grillen 9,8 m
Tabaksaft 7,5 m

Der Weltrekord für **Kudu-Kot** beträgt 15,6 m.

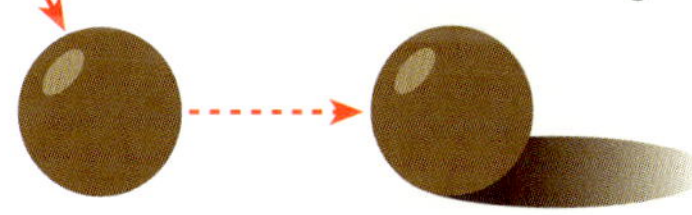

ein Stück Kot in Originalgröße

Es zählt nicht der Punkt, an dem die Kugel den Boden berührt, sondern wie **weit sie danach rollt.**

Basant* Panchami
Drachen-festival

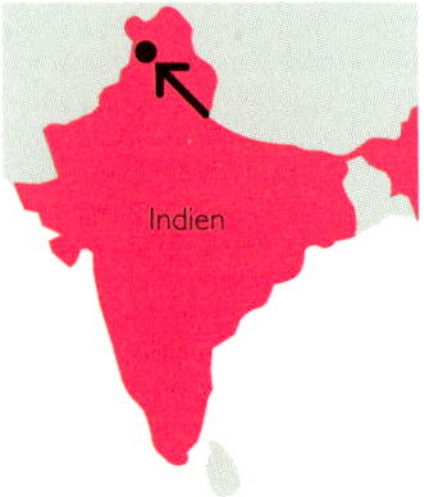

Amritsar, Indien (und in ganz Indien und Teilen Pakistans)
im Frühling (*basant* bedeutet Frühling, Panchami ist im Hindukalender der 5. Tag des Maagh, entspricht Ende Januar/Anfang Februar)

Basant Panchami war im 19. Jahrhundert noch ein Jahrmarkt und ist heute in vielen Teilen Indiens ein weltlicher Feiertag. Im indischen Punjab (und der pakistanischen Provinz Punjab) ist dieser Feiertag berühmt fürs Drachensteigen.

*auch Vasant

Das pakistanische **Lahore** war früher einer der spektakulärsten Orte zum Drachensteigen. Doch 2007 wurden Drachen nach mehreren Todesfällen durch mit Glas gespickten Drachenschnüren *(dorr)* komplett verboten. Mit dem Glas wollte man bei dieser eigentlich so friedlichen Veranstaltung die Schnüre anderer Drachen zerschneiden.

Die Tradition, Drachenschnüre zu zerschneiden, wird in Amritsar fortgesetzt. Die Schnüre reißen auch, wenn sie sich verheddern. Geschieht dies, ruft der Gewinner *„Bo Kata"*, während der Verlierer so schnell wie möglich die Schnur aufrollt, den Drachen holt und erneut startet.

Meistens lassen junge Frauen die Drachen steigen. Sie tragen zu Ehren des Geburtstags der Göttin **Saraswati Gelb** und feiern so die jährliche **Senfernte** und begrüßen den Frühling.

164

Mallakhamb wurde erstmals im 12. Jahrhundert erwähnt. Als Kunstform wurde es im 19. Jahrhundert wiederbelebt. Seit 1958 gibt es eine Wettkampfversion bei den nationalen Gymnastikmeisterschaften in Delhi.

Mallakhamb
Pole-Gymnastik

Delhi, Indien
nationale Meisterschaften und verschiedene Wettbewerbe im Laufe des Jahres in ganz Indien

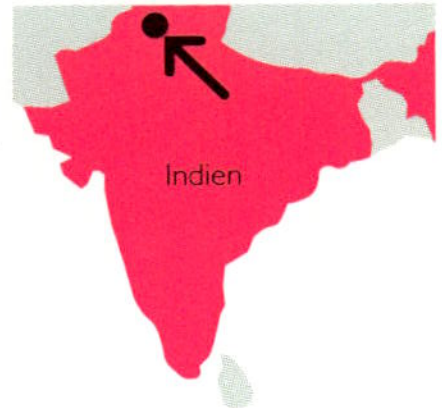

Die drei Disziplinen verwenden jeweils unterschiedliches **Equipment:**

- **Einfaches Mallakhamb**
  Eine Teakholzstange wird auf den Boden montiert.
- **Hängendes Mallakhamb**
  Eine Stange, die kürzer ist als die montierte, hängt etwa bis einen Meter über dem Boden herab. Weil sie pendelt, ist dieses Mallakhamb schwerer als mit der montierten Stange.
- **Mallakhamb am Seil**
  Die Stange wird durch ein Seil ersetzt. Die Figuren werden vollführt, aber das Seil darf sich nicht verknoten.

Beim Wettbewerb werden die Figuren beurteilt nach:

- **Tempo**
- **Anmut**
- **Schwierigkeit**

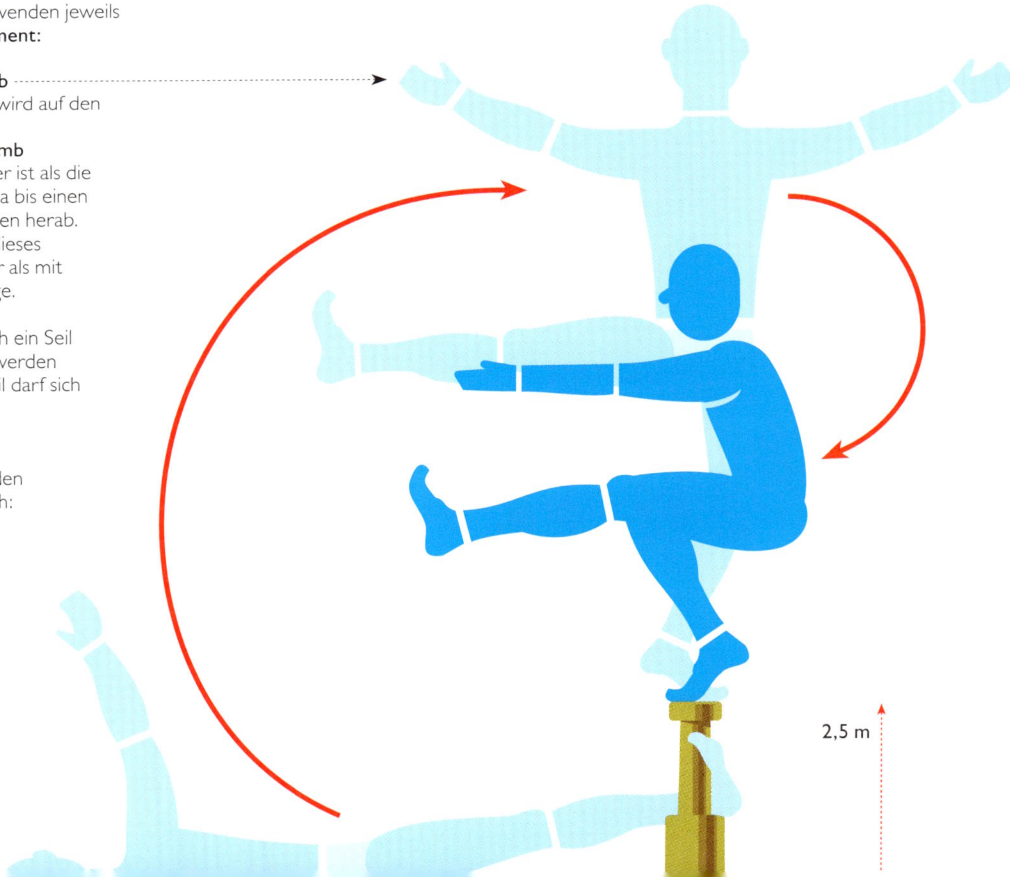

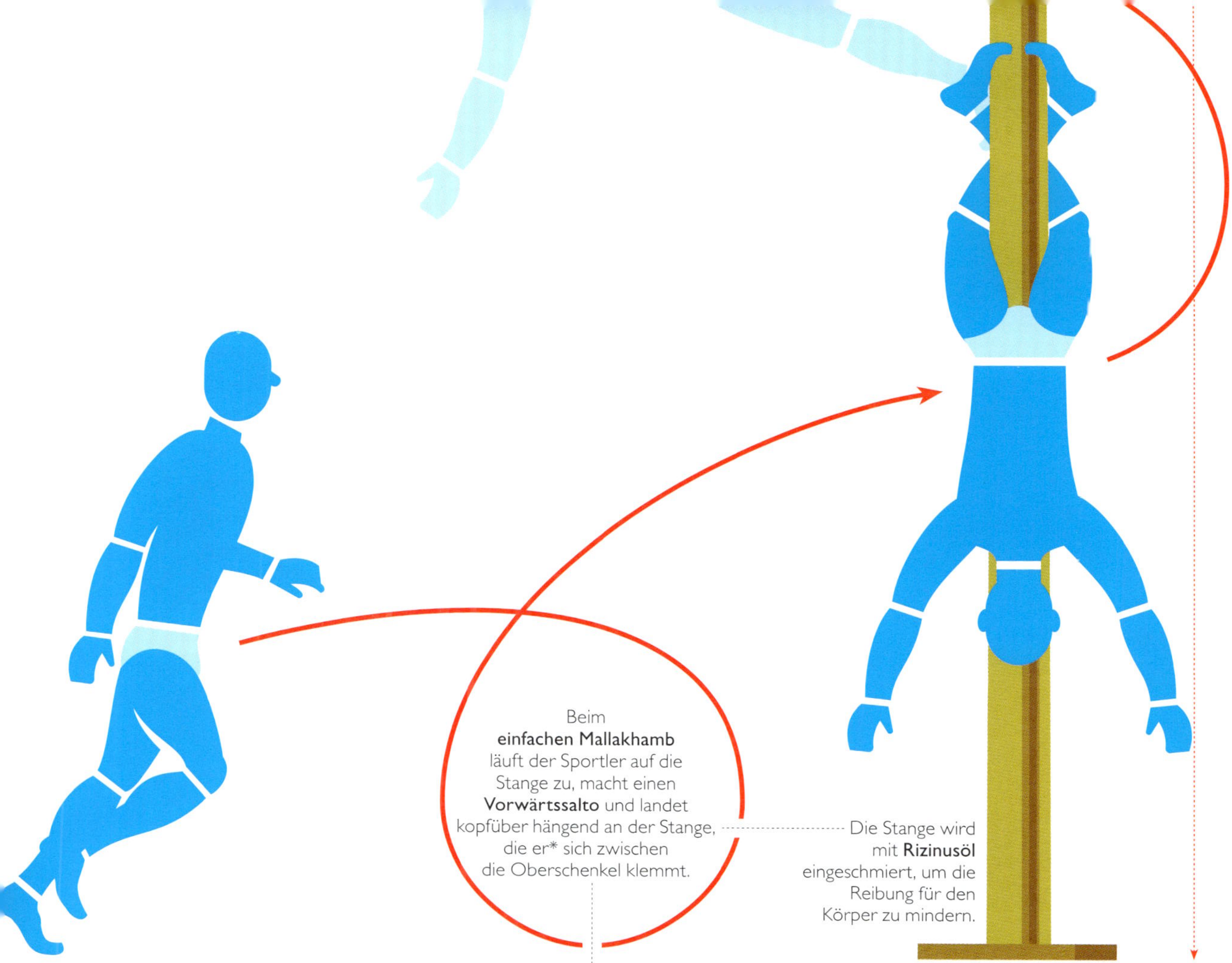

***An der Stange treten nur Männer an.** Denn Mallakhamb spiegelt den Geist des **hinduistischen Affengottes Hanuman** wider. Die Stange symbolisiert dessen **Phallus.** Das Seil, das nur mit den Zehen bestiegen wird (denn würden die Fußsohlen das Seil berühren, wäre das respektlos), stellt seinen **Schwanz** dar. Hier dürfen auch Frauen antreten.

Dahi Handi

Menschliche Pyramiden

Mumbai, Indien
Ende August

Der Legende nach liebte Krishna als Kind Butter und Quark so sehr, dass er sie aus den irdenen Töpfen stahl, in denen die Milchprodukte verarbeitet und gelagert wurden. Als Gegenmaßnahme hängten die Kuhhirten die Töpfe hoch, doch Krishna baute mit Kameraden menschliche Pyramiden und kletterte hinauf, um an die Töpfe zu gelangen. Genau das wird beim Dahi Handi nachgespielt.

dahi = Quark
handi = Tontopf

Dahi Handi ist Teil des Festivals Gokulashtami zur Feier der Geburt Krishnas. Junge Männer klettern aufeinander und errichten menschliche Türme. Mit bis zu **neun Etagen** erreichen sie eine Höhe von etwa 13 m.

Die Teammitglieder werden Govinda Pathaks genannt (Govinda ist ein anderer Name für Krishna). Monatelang üben sie den Aufbau ihrer Türme. Während der Feierlichkeiten haben sie **drei Versuche**, an einen Tontopf *(handi)* zu kommen.

In früheren Zeiten kletterte ein kleines Kind die Pyramide aus Menschen empor, um den *handi* zu erhaschen, aber das oberste indische Gericht verfügte, dass Kinder **mindestens zwölf Jahre** alt sein müssen, um teilzunehmen.

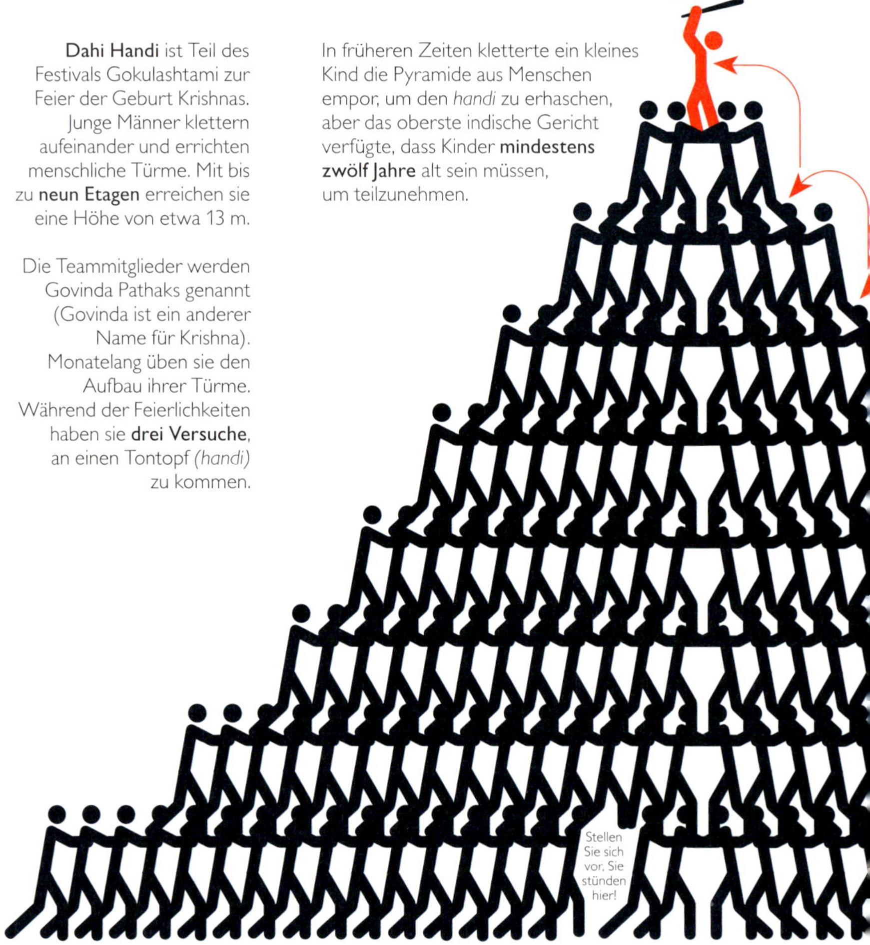

Zerbricht das *handi,* fließt **Buttermilch** die Pyramide hinunter, was die gemeinsame Kraftanstrengung des Teams symbolisiert.

Handis aus Ton werden in ganz Mumbai aufgehängt. Jugendliche reisen in Teams durch die Stadt und versuchen, so viele wie möglich zu zerbrechen.

Neben Quark gibt es auch **Geld zu gewinnen,** was den Wettstreit noch intensiver macht.

Politische Parteien und Prominente unterstützen das Hauptereignis in Mumbai, wo Hunderte Teams, *mandals* genannt, um Preisgelder in Höhe von 10 Mio. Rupies kämpfen.

Frauen repräsentieren die Kuhhirten, die, verärgert über den Diebstahl ihres Quarks, beim Aufbau **Wasser** auf die Pyramide schütten. Alles wird rutschig, und die Teams haben es noch schwerer, sich aneinander festzuhalten.

Das Spektakel führte im Laufe der Jahre immer wieder zu **Verletzungen.** Manche Gruppen fordern, die Höhe zu begrenzen, in der die *handis* aufgehängt werden.

Rituelles Babywerfen

Sri-Santeswar-Tempel, Bundesstaat Karnataka, Indien
Dezember

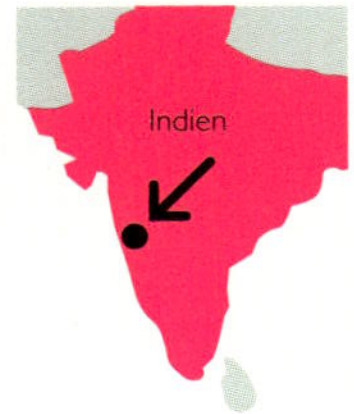

Die Tradition und der damit verbundene Glaube, dies möge den Babys Glück und Gesundheit bringen, existiert schon seit über 100 Jahren (manche sagen, sie sei noch viel älter).

Eine ähnliche Zeremonie gab es in **Solapur** im Staat **Maharashtra** am Schrein von Baba Umer Dargah, **wurde aber 2011 verboten.** In kleinen Dörfern in den Staaten Karnataka und Maharashtra werden sie aber noch immer praktiziert.

Obwohl sowohl Muslime als auch Hindus teilnehmen, gehört dieses Ritual zu keiner der klassischen religiösen Traditionen.

1 **Ein Gläubiger** klettert an einem Seil oder über eine Leiter auf die Mauer des Tempels. **Auf dem Rücken trägt er in einem Eimer ein Baby mit sich.**

2 Hier übernimmt ein Priester das Baby und hält es an Händen und Füßen mit dem Gesicht nach oben horizontal in die Luft. Er singt Gebete und **schwingt das Baby vor und zurück,** bis er es schließlich **fallen lässt.**

Das Baby fällt etwa 9 m tief.

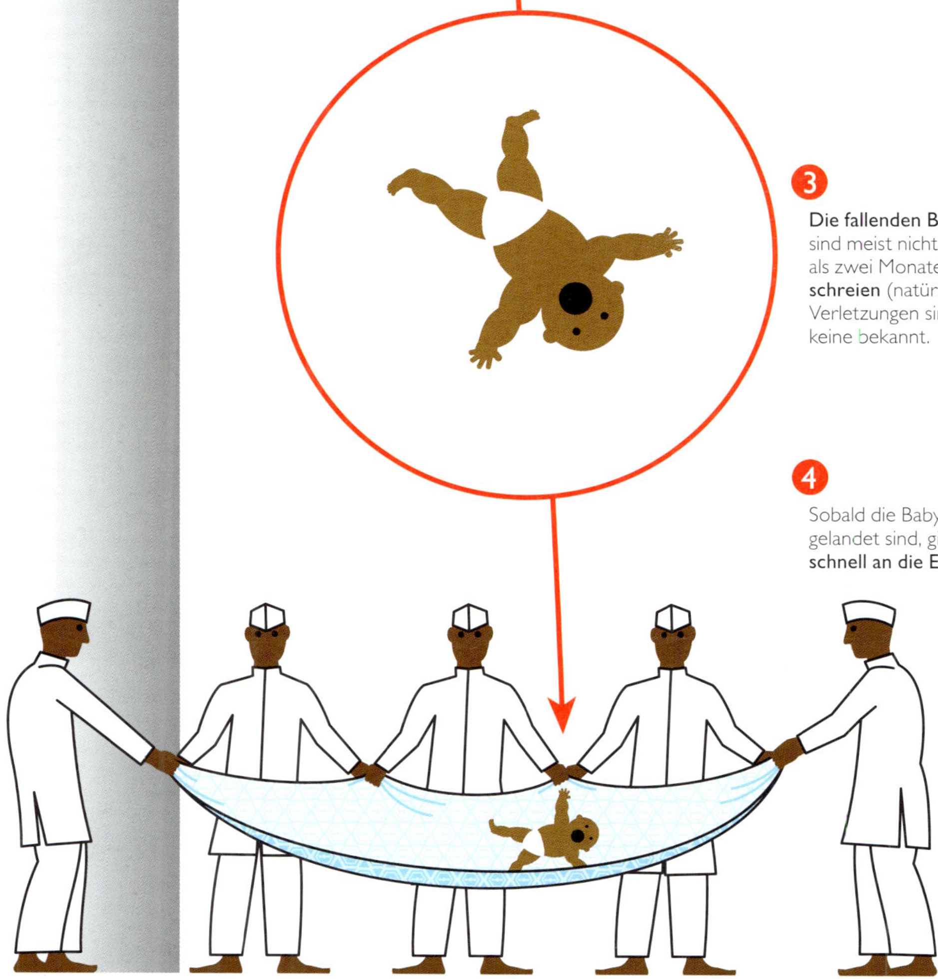

3

Die fallenden Babys sind meist nicht älter als zwei Monate und **schreien** (natürlich!). Verletzungen sind aber keine bekannt.

4

Sobald die Babys im Tuch gelandet sind, gibt man sie **schnell an die Eltern zurück.**

5

Auch verheiratete Paare nehmen an der Zeremonie teil. Sie hoffen, mit weiteren Kindern gesegnet zu werden.

Siehe auch die anderen speziellen Babyevents in diesem Buch:
El Colacho in Spanien (S. 102), bei dem ein Mann über auf der Straße liegende Babys springt, und das **Nakizumo-Festival** in Japan (S. 194), bei dem Sumoringer versuchen, Babys durch Grimassen zum Schreien zu bringen.

Holi

Hindufest
der Farben
(oder der Liebe)

in ganz Indien
Frühlingsbeginn

Der letzte Vollmond des Monats Falgun im bengalischen Mondkalender markiert den Frühlingsanfang (meist März).

Am Vorabend feiert man mit Freudenfeuern, wie der fromme Prahlada über die Dämonin Holika triumphiert. Tags darauf beginnt der Spaß: Alle überschütten sich gegenseitig mit Wasser und farbigem Pulver.

Überall wird ausgiebig **gesungen und getanzt.**

Die Feiernden genießen das aus Cannabisblättern hergestellte ***bhang.*** In Süßgetränke gemischt, hilft es Ihnen wieder auf die Beine, falls Sie einen Durchhänger haben.

Noch **bis vor Kurzem** waren **Witwen von den Feierlichkeiten ausgeschlossen,** aber nun werfen auch sie hingebungsvoll händeweise Farbpulver.

Holi ist auch bei Nichthindus beliebt, z. B. in **Südafrika** und den **USA.**

Die Wäschereikosten sind exorbitant.

Kandy Esala Perahera*
Elefantenparade

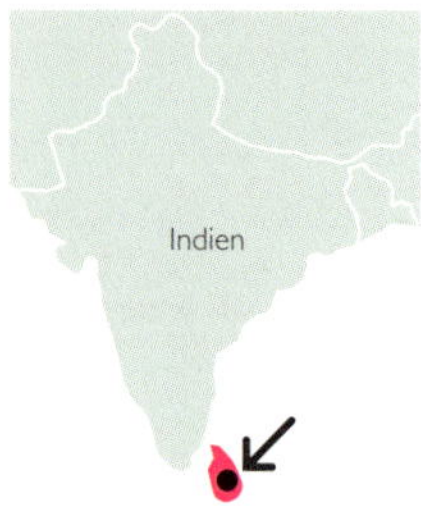

Kandy, Sri Lanka
Juli oder August
(abhängig vom Vollmond)

An zehn aufeinanderfolgenden Nächten ziehen fünf Elefantenprozessionen, unterbrochen von Feuertänzern, Peitschenknallern, Trommlern, Akrobaten und Schwertschwingern, durch die Stadt um Buddhas Heiligen Zahn zu ehren.

*_esala_ = Monat des singhalesischen Kalenders
perahera = Parade

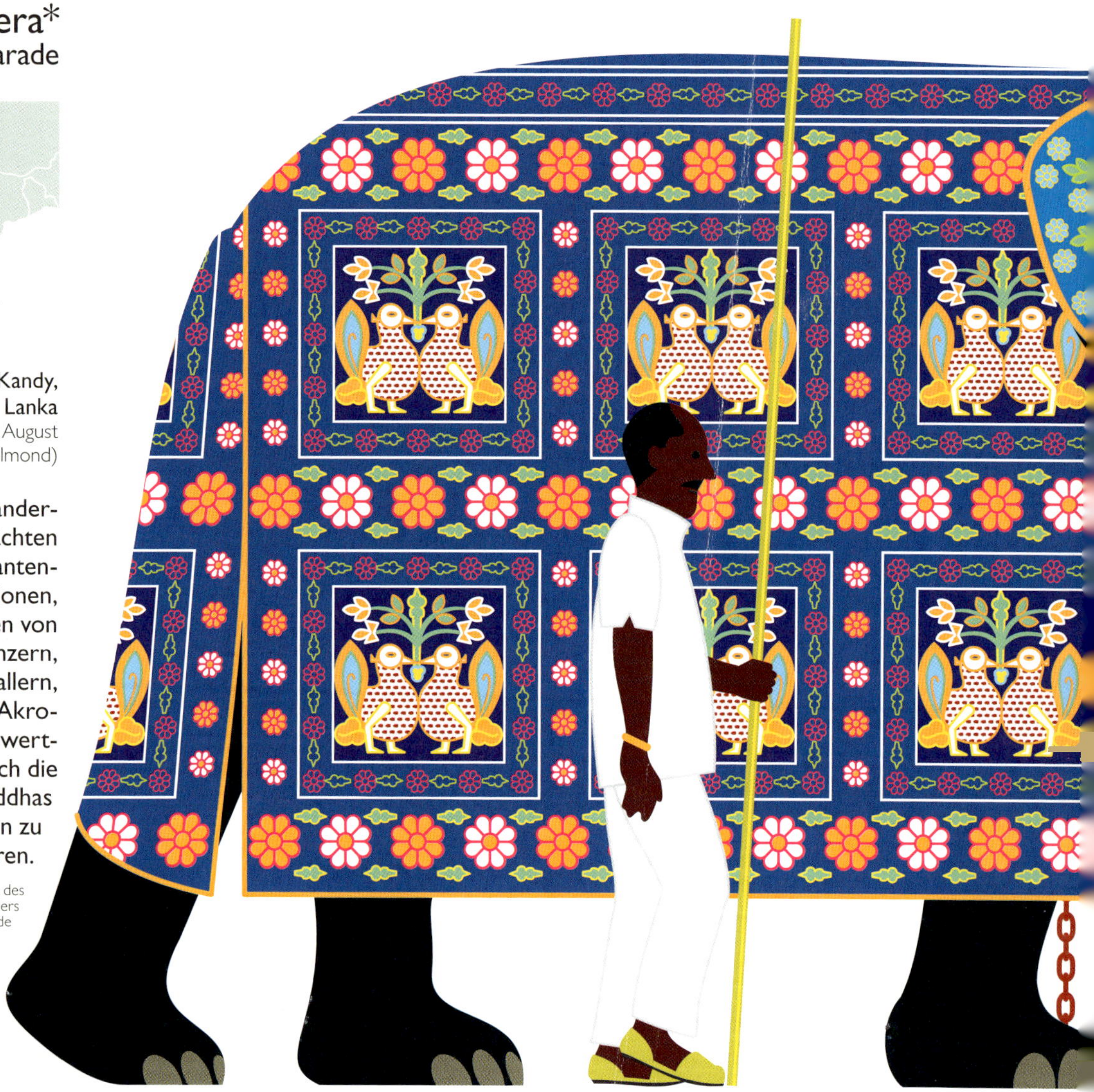

Es nehmen etwa **50 aufwendig geschmückte Elefanten** teil. Viele tragen elektrische Lichter in ihren Masken.

Trommler und andere Künstler der Prozession **bereiten den Weg** für die Elefanten.

Die Legende vom Heiligen Zahn

Als **Buddha** im 5. Jahrhundert v. u. Z. eingeäschert wurde, nahm jemand einen Zahn vom Scheiterhaufen. Dieser wurde später im Haar einer als Priesterin verkleideten Prinzessin versteckt und so nach **Sri Lanka geschmuggelt.**

Der König von Sri Lanka freute sich sehr über diese Reliquie in seinem Reich und zeigte sie allen, die sie sehen wollten, in Paraden auf den Straßen von Kandy. Heute wird in der goldenen Schatulle eine Nachbildung getragen. Das Original verbleibt im **Zahntempel** (Sri Dalada Maligwawa).

Das Zerteilen der Wasser

Am Morgen nach dem 10. Prozessionstag gibt es eine Zeremonie, bei der ein religiöses Oberhaupt ein **Schwert durch den Fluss Mahaweli** zieht, um das Reine vom Unreinen zu trennen und die Wasserversorgung für das kommende Jahr zu sichern.

Naadam
Drei Wettkämpfe für Männer

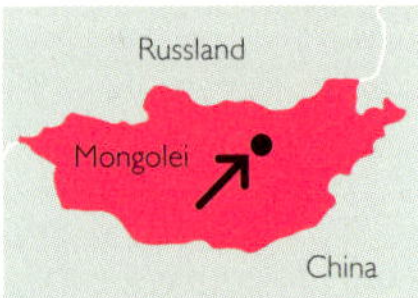

Ulan-Bator, Mongolei
11. bis 13. Juli

Dschingis Khan war Präsident des ersten offiziellen Naadam im 13. Jahrhundert. Doch schon Jahrhunderte zuvor wurden die Wettkämpfe an Hochzeiten und zu Clanversammlungen ausgetragen. Es ging nicht nur um den sportlichen Aspekt, Dschingis Khan fand hier auch Soldaten für seine Armeen. Das moderne Event begann 1921 vor dem Hintergrund der Unabhängigkeit des Landes von China.

Diese drei Spiele sind eine östliche Version der Olympiade des Altertums. **Ursprünglich nahmen nur Männer teil,** aber mittlerweile **reiten** auch Frauen und schießen mit dem Bogen **um die Wette.** In vielen Gegenden des Landes gibt es Feste und Sportereignisse, doch das größte ist das **National Naadam** im Sportstadion der Hauptstadt Ulan-Bator. Im Anschluss an eine **Eröffnungszeremonie** mit Tänzern, Musikern, Athleten und Reitern beginnen die Wettkämpfe.

2010 wurde Naadam von der UNESCO in die Liste des immateriellen Weltkulturerbes aufgenommen.

1 **TRADITIONELLES MONGOLISCHES RINGEN** kennt weder **Zeitrahmen noch Gewichtsklassen:** Dem Ringer mit dem größten Ruhm gebührt das Privileg, sich den Gegner auszusuchen. Gekämpft wird (abhängig von der Gesamtzahl der Ringer) in neun oder zehn Runden.

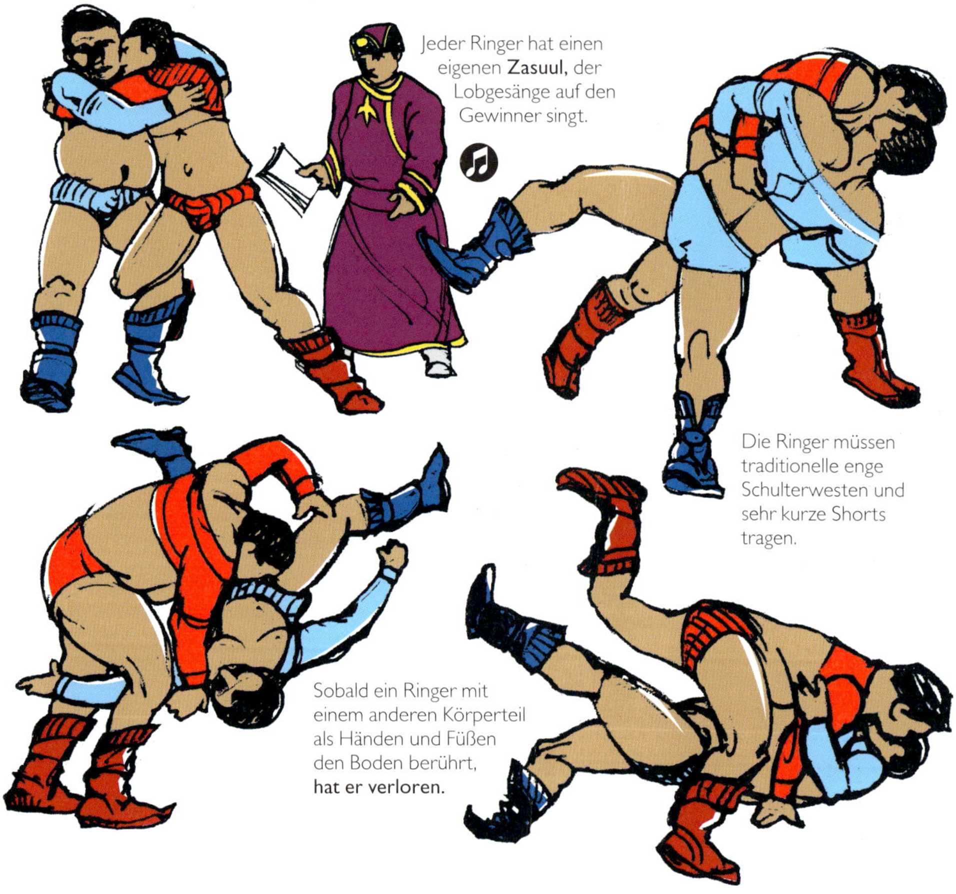

Jeder Ringer hat einen eigenen **Zasuul**, der Lobgesänge auf den Gewinner singt.

Die Ringer müssen traditionelle enge Schulterwesten und sehr kurze Shorts tragen.

Sobald ein Ringer mit einem anderen Körperteil als Händen und Füßen den Boden berührt, **hat er verloren.**

2 MONGOLISCHES PFERDERENNEN

Ein Querfeldein-Distanzrennen mit Strecken von 15 bis 30 km. Etwa 1.000 Pferde aus der ganzen Mongolei reiten beim Naadam mit.

Mongolische Pferde sind klein und werden von **5- bis 13-jährigen Kindern** geritten. Vor den Rennen trainieren sie monatelang und nehmen dann abhängig vom Alter ihrer Pferde teil. Jüngere Pferde treten auf kürzeren Strecken an.

♫ Vor dem Rennen singen die Jockeys ihren Pferden das Lied „Ginko" vor (das soll ihnen Glück bringen).

3 BOGENSCHIESSEN

Bei den Wettkämpfen treten 10-köpfige Teams an. Jeder bekommt **vier** aus Weidenholz und Geierfedern gefertigte **Pfeile** und schießt auf seine Ziele.

♫ Die Bogenschützen singen laut, damit ihre Pfeile direkt ins Ziel treffen, und die Wettkampfrichter erheben ihre Stimme für ein Loblied, wenn der Schuss erfolgreich war. Naadam ist auf jeden Fall reich an Gesang.

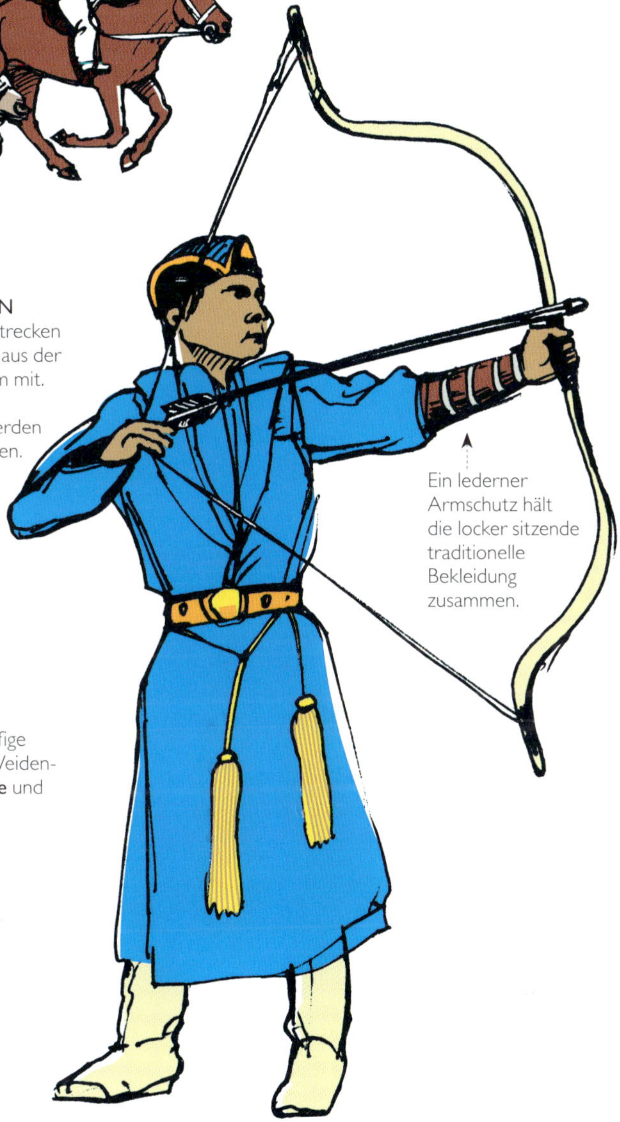

Ein lederner Armschutz hält die locker sitzende traditionelle Bekleidung zusammen.

Neben **Preisen für die Gewinner** werden auch herrliche Titel verliehen, z.B.

- Wunderschöner, berühmter, mächtiger und unbesiegbarer Gigant.

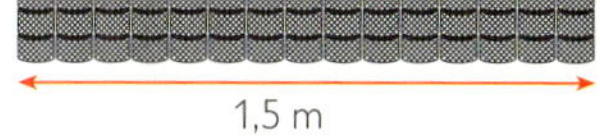

Die **Ziele** sind kleine gewebte oder hölzerne Zylinder *(surs)*, die aufeinandergestellt eine niedrige Mauer bilden. Nun muss man die *surs* aus der Mauer schießen.

Männer schießen mit Pfeilen aus einem Abstand von 75 m, **Frauen** stellen sich 65 m entfernt auf.

Da Shuhua
Lichterfest

Nuanquan, China
am 15. Tag der Feierlichkeiten zum chinesischen Neujahr im Februar

Diese 300 Jahre alte Tradition reicht in eine Zeit zurück, als die Einwohner des Dorfes Nuanquan sich kein Feuerwerk fürs Neue Jahr leisten konnten. Als Ersatz sammelten sie Altmetall und brachten es zu den Schmieden. Diese schmolzen das Metall ein und warfen es ans Backsteintor des Dorfes. Heute ist das populärer als das Feuerwerk selbt.

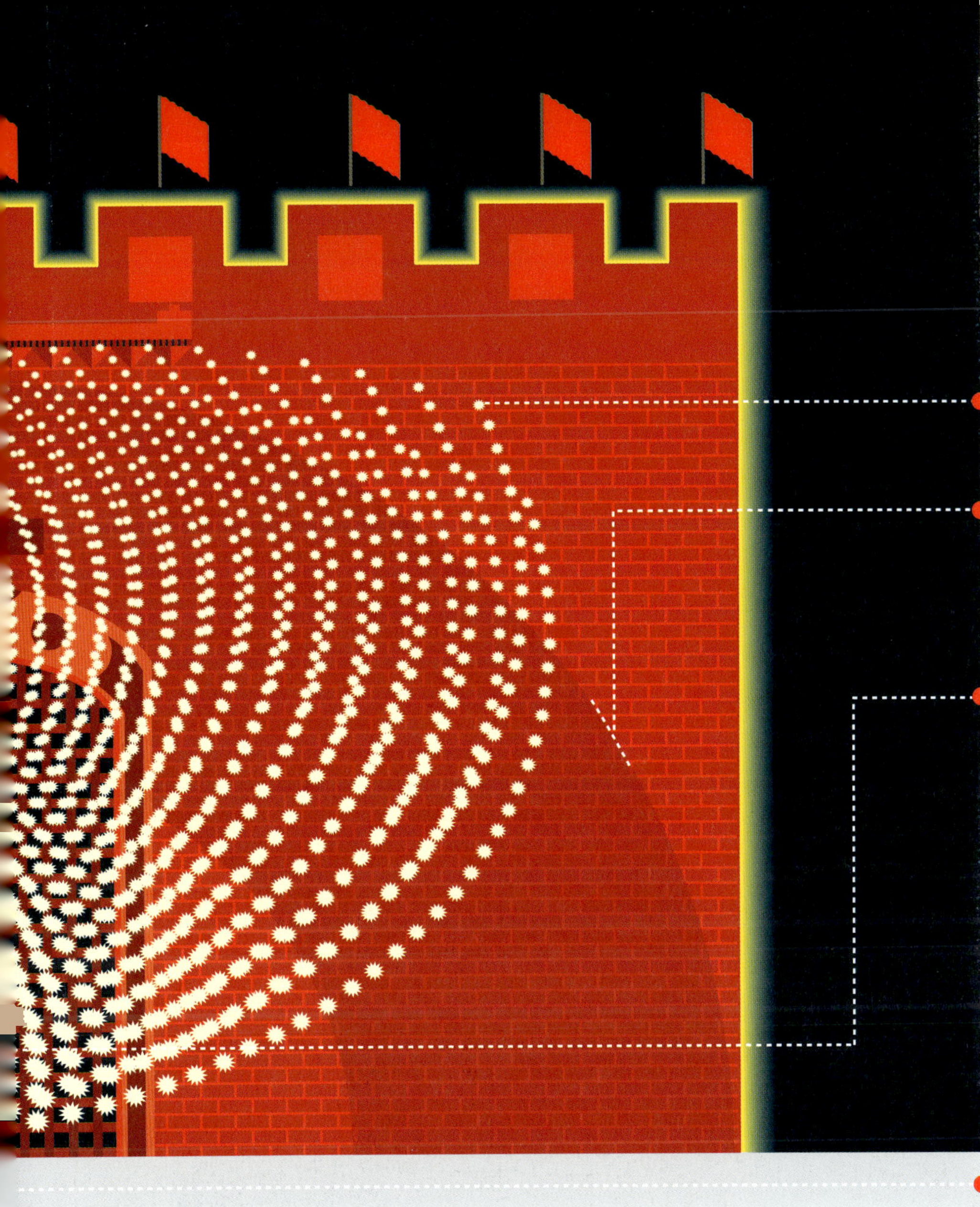

Vor dem großen Ereignis treten **Musiker und Tänzer** am Dorftor auf. Dann …

werden Kessel mit geschmolzenem Metall herausgetragen, und die Schmiede werfen es in **großen, schwungvollen Bögen** an die Wand. Überall fliegen Funken!

Im Laufe der Jahre entstand eine **dünne Metallschicht** auf den Ziegelsteinen.

Die Schmiede tragen keine moderne feuerfeste Kleidung, sondern einfache Jacken aus **groben Schafsfellen und Strohhüte.** Eigentlich kein ausreichender Schutz, aber die Männer sind geschickt im Umgang mit dem Metall. Bislang hat sich noch niemand während des Events versengt.

Das Metall wird mit **traditionellen, drei Tage gewässerten Holzkellen** geworfen. Sobald sie mit dem Metall in Kontakt kommen, bildet sich in ihnen eine Kohleschicht, die verhindert, dass sie Feuer fangen.

Das Metall hat 1.000 °C.

Bienenbart-tragen

Shaoyang City, China
Juli

Den Bienenbart erfand in den 1830er-Jahren ein ukrainischer Imker. Schon bald war das Bienenbarttragen auch auf amerikanischen Jahrmärkten und Freakshows beliebt.

Bei heutigen Wettbewerben (oder Weltrekordversuchen) bedeckt man den ganzen Körper mit Bienen. Heißt aber trotzdem Bienenbarttragen.

Gewonnen hat, wer die meisten Kilo Bienen „trägt".

Um den ganzen Körper zu bedecken, braucht es etwa **350.000 Bienen.** Die Rekorde liegen deutlich höher.

10.000 Bienen wiegen etwa 1 kg.

Das *Guinnessbuch der Rekorde* hat nun einen Konkurrenten. Die chinesische Organisation Carrying the Flag World Records beschreibt eine noch bizarrere Sammlung menschlichen Tuns als sein viel älterer Vorgänger.

(Der gestochene Mann unten ist Chinese. Von seinem Rekord berichtet das neue Buch.)

Für die Teilnehmer
Alle Bienenträger sollten dies erst lesen.

Aber …

wollen Sie sich das wirklich antun?

Vorher

- Nicht duschen. Seifengeruch irritiert die Bienen.
- Hängen Sie ein Kästchen mit einer Bienenkönigin um Ihren Hals*. Das lockt die Bienen an.

Währenddessen

- Stehen Sie ganz still.
- Beten Sie.

2015 wurde mit 109 kg (ganze 240 *pound*, wie die Waage zeigte) ein neuer Weltrekord aufgestellt. Das entspricht etwa 1,1 Mio. Bienen.

Danach

- Akzeptieren Sie medizinische Hilfe. Der Weltrekordhalter wurde 2.000 Mal gestochen. (Positiv betrachtet: 1.098.000 Bienen stachen nicht.)

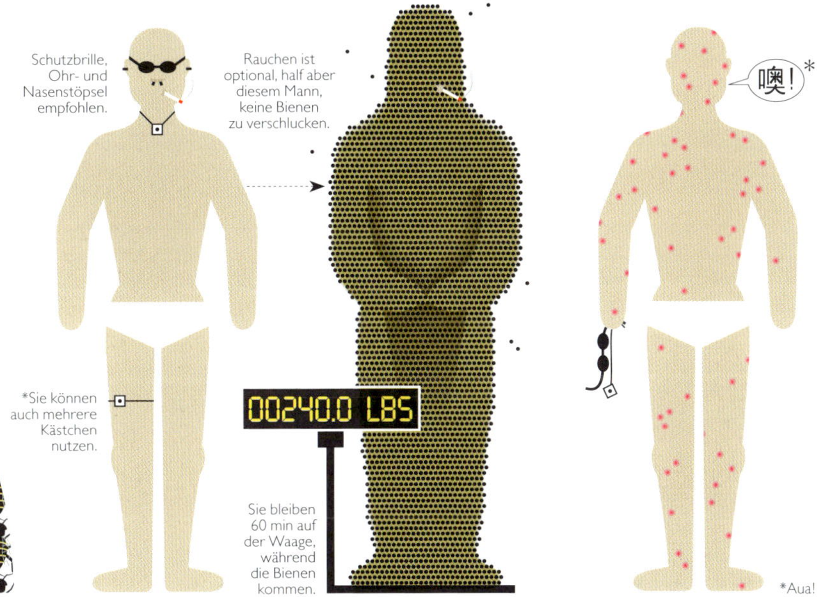

Noch ein Bart
In Ontario findet jährlich der Clovermead Bee Beard statt.

- Die Wettbewerber kommen aus der ganzen Welt, darunter England, Australien und Israel.
- Ein Team besteht aus dem Träger des Bienenbarts und einem Bienenflüsterer, der den Bart stylt.
- Die Teams gehen in ein verschlossenes Zelt und locken Bienen aus dem eigenen Stock an, um den Bart zu gestalten.
- Nach 20 min treten die Teams auf die Bühne. Die Bienenträger führen einen kleinen Tanz auf.
- Zwei Juroren verleihen den Preis an den Bienenträger, der am besten getanzt hat.
- Die Zuschauer wählen einen eigenen Favoriten.

Songkran
Wasserfestival

Chiang Mai,*
Thailand
13. bis 15. April
(thailändisches Neujahrsfest)

Ursprünglich als Reinigungsritual, goss man beim Songkran in Thailand Wasser auf Buddhastatuen. Sünden und Unglück sollten so weggespült werden. Jüngere gießen älteren Angehörigen traditionell Wasser auf die Hände, um ihren Respekt zu bezeugen.

*Dies ist das größte Wasserfestival in Thailand, aber auch Bangkok und andere Städte halten Wasserfeste ab, um das neue Jahr zu feiern.

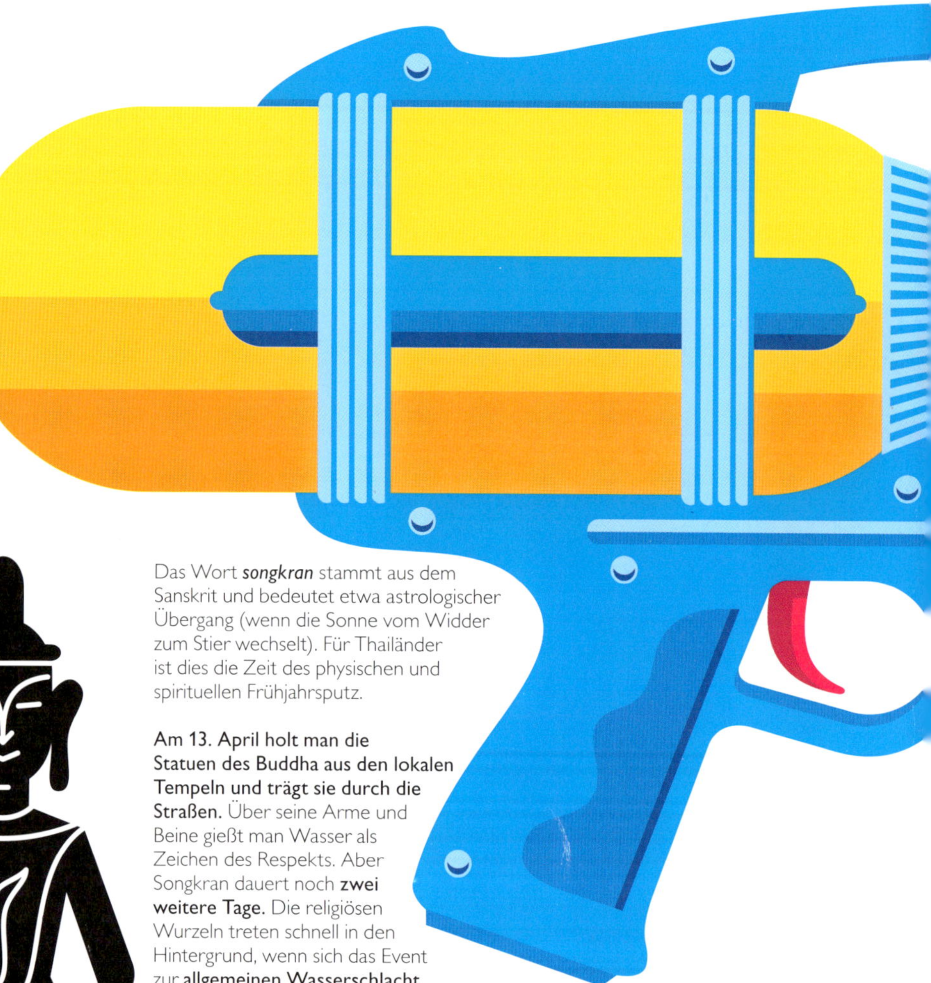

Das Wort ***songkran*** stammt aus dem Sanskrit und bedeutet etwa astrologischer Übergang (wenn die Sonne vom Widder zum Stier wechselt). Für Thailänder ist dies die Zeit des physischen und spirituellen Frühjahrsputz.

Am 13. April holt man die Statuen des Buddha aus den lokalen Tempeln und trägt sie durch die Straßen. Über seine Arme und Beine gießt man Wasser als Zeichen des Respekts. Aber Songkran dauert noch **zwei weitere Tage.** Die religiösen Wurzeln treten schnell in den Hintergrund, wenn sich das Event zur **allgemeinen Wasserschlacht** entwickelt, die wirklich keinen trocken lässt.

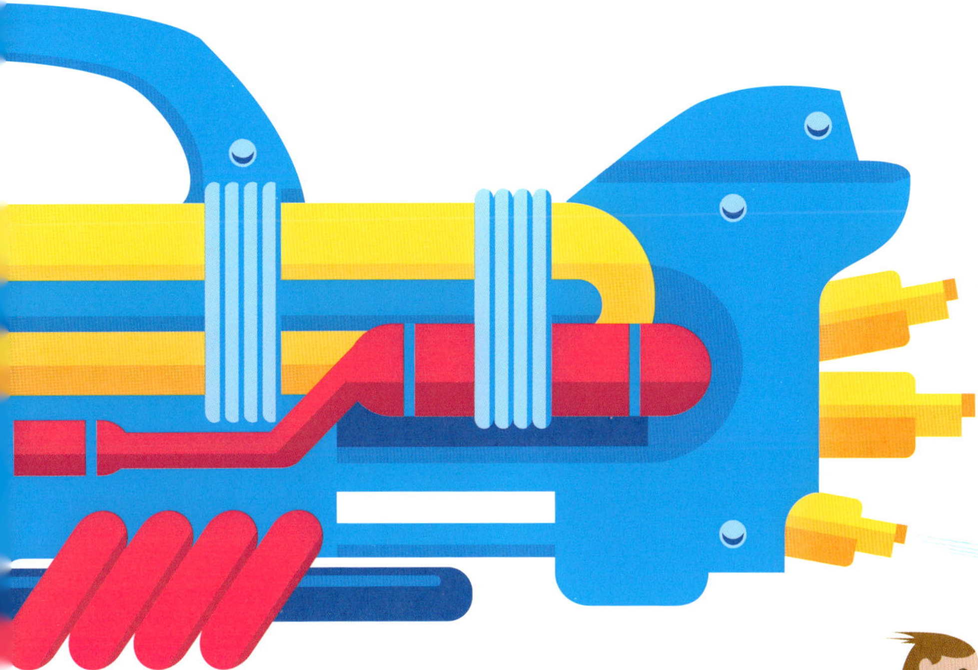

Neben Wasser wird auch weißes Pulver (Talk oder Kreide) mit vollen Händen verteilt und bildet riesige Wolken. Die Straßen sehen aus wie nach einem Schneesturm.

Wenn Sie teilnehmen, sollten Sie **Schutzbrillen** tragen, weil das Wasser, mit dem man bespritzt wird, vielleicht nicht immer das sauberste ist.

Das Wasserfestival findet zur **heißesten Zeit des Jahres** statt. Also freuen sich eigentlich alle, wenn sie durchnässt werden. **Aber aufgepasst:** Erfahrene Teilnehmer tragen Supersoaker **wie diesen** mit großem Wasserreservetank und zögern nicht, Sie ins Visier zu nehmen.

Neben diesem relativ einfachen Spielzeug wird das feuchte Nass aus allen verfügbaren Behältern großzügig verteilt. Menschen stehen am Straßenrand und begießen Passanten aus **Eimern und Schläuchen. LKWs** mit großen Tanks spritzen in die Menge.

Am besten trägt man so wenig Kleidung wie möglich, aber **totale Nacktheit ist verboten.**

Affen-bankett

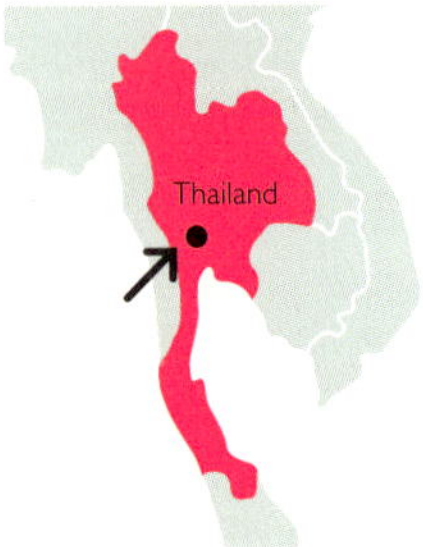

Lopburi, Thailand
letzter Sonntag im November

Dieses jährliche Dinner gab es erstmalig 1989. Hier werden nicht nur die Makaken geehrt, sondern auch andere Primaten der lokalen Szene von Lopburi. Und ja, es sorgt auch für einigen Ärger.

Die **Langschwänzigen Makaken** von Lopburi (150 km nördlich von Bangkok) sind gewitzte Taschendiebe und werden vor Ort sehr verehrt.

Die Makaken sollen vom **Affengott Hanuman** abstammen. Darum glauben die Einheimischen, dass sie Glück und Erfolg bringen.

Yonyuth Kitwatananusont ist Eigentümer des Lopburi Inn und ebenfalls gläubig. Weil die Affen für die Stadt zu einer großen Touristenattraktion geworden waren, liefen seine Geschäfte gut, und er beschloss, eine Dankesfeier zu organisieren.

Alles beginnt um 10 Uhr im Tempel von **Phra Prang Sam Yot.**

Zuerst tanzen und musizieren Menschen, die sich als Affen verkleidet haben. Dann erscheinen 3.000 echte Affen zum Festessen, anfangs recht scheu, aber bald schon stürzen sie sich aufs Büfett.

Unter anderem stehen süße Limonaden, Desserts und Früchte bereit. Es wundert also nicht, dass die Makaken recht bald einen Zuckerflash bekommen und alles zu einer **regelrechten Schlacht** ausartet.

So sollten Sie sich als Zuschauer verhalten:

- Schauen Sie den Affen nicht direkt in die Augen. Die Tiere fühlen sich bedroht und könnten angreifen.
- Bringen Sie kein Essen im Rucksack oder in Taschen mit. Die Affen finden es – *garantiert!*
- Bleiben Sie entspannt. Am besten lassen Sie die Affen erst mal in Ruhe.
- Haben sich die Affen an die Zuschauer gewöhnt, kann man sie gerne füttern. Aber bleiben Sie vorsichtig.
- Zur Selbstverteidigung bekommen Sie mit Ihrer Eintrittskarte noch einen Stock. Der sollte aber möglichst nicht eingesetzt werden. Tickets gibt es für 20 Baht.

Pacu Jawi
Kuhrennen

Tanah Datar, Westsumatra, Indonesien
findet in elf Monaten des Jahres statt

Pacu Jawi ist eine 400 Jahre alte Tradition, mit der die Minangkabau auf Indonesien das Ende der Reisernte feiern.

Weil Pacu-Jawi-Rennen in elf verschiedenen Regionen von Tanah Datar abgehalten werden, finden sie in den sehr schlammigen Reisfeldern praktisch monatlich statt.

pacu = Rennen
jawi = Kuh oder Ochse

Alles dreht sich um die Kuh. Die Grundidee ist, zwei Kühe auf möglichst direktem Weg über ein morastiges Feld rennen zu lassen. Die Teams starten nacheinander, und das schnellste und stärkste kürt man zum Champion.

Jockeys steuern die beiden Tiere, indem sie sich an ihren Schwänzen festhalten. Statt wie bei einem Pferderennen eine Peitsche zu benutzen, beißt der Jockey zu Beginn des Rennens beherzt in ebendiese. (Um erneut „Gas zu geben", kann er dies auch während des Rennens wiederholen.)

Die Tiere tragen ein vereinfachtes **Pfluggeschirr.**

Der Schlamm ist knietief. Fällt ein Jockey hinein, ist sein Rennen gelaufen.

Der Fokus darauf, dass das Rennen **geradlinig** abläuft und dass die beiden Kühe (manchmal auch Ochsen) kooperieren, spiegelt den Alltag der Tiere wider: das Pflügen der Reisfelder.

Die schlammigen Rennstrecken sind unterschiedlich lang: von 20 bis 100 m.

Nach einem erfolgreichen Rennen steigt der Wert der Tiere enorm. Der normale Preis liegt bei 7 Mio. Indonesischen Rupiah, kann sich für den Besitzer aber verdoppeln.

Es sieht vielleicht nach einem harten Leben für die Tiere aus, aber das täuscht: Sie werden eindeutig geliebt! Zu beobachten ist das, wenn die Jockeys ihnen nach dem Rennen liebevoll den Schlamm abwaschen, um sie auf die Begutachtung durch potenzielle Käufer vorzubereiten.

186

Panjat Pinang
Kletter-wettbewerb

Dörfer in Indonesien
17. August
(Unabhängigkeitstag)

Zur Feier der Unabhängigkeit Indonesiens erklettert man traditionell den eingeölten, schlüpfrigen Stamm einer Arecapalme.

In der Kolonialzeit sahen holländische Kinder gerne einheimischen Jugendlichen zu, wie sie versuchten, sich an dem Stamm zu halten (und unweigerlich herabfielen). Heute ist das Event etwas verpönt, erinnert es doch an die erniedrigende holländische Herrschaft.

Um an die an einem Ring im Baumwipfel befestigten Preise zu gelangen, **ist beträchtliche Teamarbeit nötig,** und das reicht oft als Grund, um die Tradition (und den fröhlich-chaotischen Spaß) fortzusetzen.

Der Kletterer, der schließlich die Spitze erreicht, bindet die Pakete und Gegenstände los, wirft sie herab (aber nicht das Fahrrad!) und teilt den Gewinn mit seinem Team.

In den Paketen stecken **Käse, Zucker und Mehl, Kleidung, Küchenwerkzeug und vielleicht Spielzeug,** alles wertvolle Gegenstände in den armen Dörfern.

Arecapalmen werden extra für die Wettkämpfe gefällt, geschält und mit Öl und anderen Schmierstoffen eingerieben.

In größeren Dörfern werden mehrere Arecapalmen (oder andere Stämme als Ersatz) aufgestellt, damit viele Teams um die Preise kämpfen können.

Umweltbewusstere Regionen verwenden alternativ Stämme aus **Bambus** oder **Kokospalmen.**

Die Früchte der Palme heißen Betelnüsse und werden, in Blätter gewickelt, wie Tabak gekaut. Spucken Betelkauer den leuchtend roten *buai-pekpek*-Saft zu Boden, sieht das sehr nach Blut aus.

Doch *buai pekpek* hat auch eine praktische Verwendung: Es wird zum Färben und Gerben von Leder verwendet.

Die schwereren Teilnehmer bilden unten am Stamm eine solide Basis für die Kletterer.

Onzichtbare Sterren
Unsichtbare Sterne

Fiapitú, Indonesien
April

Nach Ausbruch des Vulkans Semloh im Jahre 1815 waren wegen der Aschemenge nachts die Sterne und tags die Sonne für 48 Stunden wie ausgelöscht. Mit dem Fest Onzichtbare Sterren* erinnert man im nahe gelegenen Fiapitú traditionell an dieses Ereignis.

*Man bewahrte den alten holländischen Namen als Relikt der Zeit, als Indonesien noch als Niederländisch-Ostindien bekannt war.

1. Am zweiten Dienstag im April schaltet man in Fiapitú **alle Lichtquellen aus,** um den kompletten Blackout nach der Eruption im Jahr 1815 zu simulieren.

2. Männer und Frauen tragen **große Sterne.**

(Rückenansicht; das Gehen bedarf einiger Übung.)

3. Familien gehen zu ihren Nachbarn und befestigen **Sternenaufkleber an den Türen.**

Kinder unter 11 Jahren tragen statt der Sterne **Augenbinden,** damit sie erfahren, wie es ist, wenn die Sterne verschwinden.

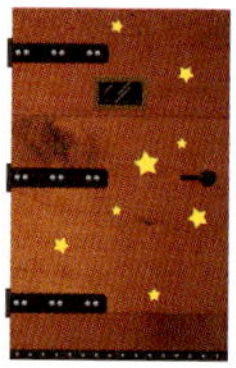

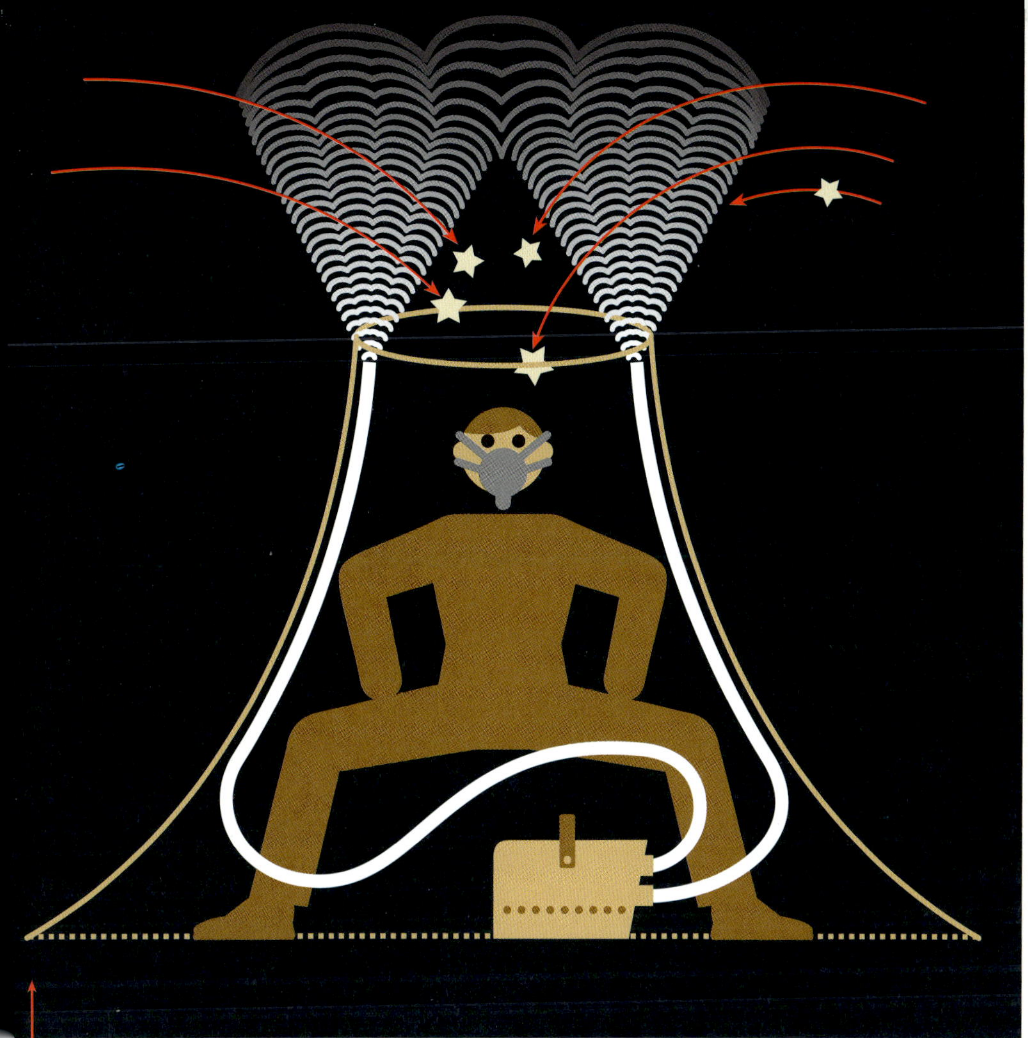

Wie so oft, hat sich auch hier der **Kommerz** des Events bemächtigt: Es wird einfach *alles* verkauft, was sich irgendwie zu Sternen formen lässt: **Sandwiches, Frisuren, Zahnimplantate und Tätowierungen** sowie Unmengen an sternförmigem Firlefanz.

1883 gab es eine weitere große Eruption auf der indonesischen Insel **Krakatau,** die für eine Umweltveränderung anderer Art sorgte. **In aller Welt tauchte sich der Himmel in leuchtende Farben.** Man nimmt an, dass Edvard Munch dieses Phänomen im Hintergrund seines berühmten Gemäldes *Der Schrei* aus dem Jahre 1893 aufgegriffen hat.

4 Später gehen alle zum Marktplatz, um das **Uitbarsting Spel** (Eruptionsspiel) aufzuführen. Eine Person wird ausgewählt, sich als Vulkan Semloh zu verkleiden. Er (oder seit einiger Zeit auch eine Sie) trägt eine Atemmaske und bedient im Semloh-Kostüm eine Rauchmaschine, während die Leute **sternförmige Brote** in die Öffnung werfen.

5 **Das Brot repräsentiert die Missernte** infolge der Eruption von 1815. Sie sorgte in der Region für eine große Hungersnot. Indem man **kostbares Brot opfert,** kann man noch tödlichere Eruptionen abwehren, glaubt man.

6 Das Jahr **1816 wird auch das „Jahr ohne Sommer“** genannt, weil sich durch die immensen Aschemengen in der oberen Atmosphäre das Klima auf der ganzen Welt veränderte.

190

MassKara-Festival
Lächelnde Masken für alle

Bacolod City, Philippinen
das Wochenende um den 19. Oktober
(Gründungstag der Stadt)

Dieses Festival wurde 1980 ins Leben gerufen, um die Einwohner von Bacolod nach zwei verheerenden Katastrophen wieder aufzumuntern.

1. **Zuckerrohr** war früher die wichtigste Nutzpflanze von Bacolod und sorgte für die meisten Arbeitsplätze. Doch in den **1970er-Jahren brachen die Preise ein.** Ersatzstoffe wie Maissirup brachten der Region den ökonomischen Niedergang.

2. **1980** kollidierte das Passagierschiff *Don Juan* mit einem Tanker und sank. **Hunderte Einwohner der philippinischen Provinz Negros** starben.

Bürger und Künstler schufen gemeinsam dieses Festival, um mit den ökonomischen Belastungen und den vielen Toten fertigzuwerden. Bacolod sollte die **„Stadt des Lächelns“** werden, in der auch in schweren Zeiten das Lächeln nicht vergessen wird.

Masskara ist das philippinische Wort für Maske und zugleich ein Wortspiel, zusammengesetzt aus dem englischen *mass* (Masse) und dem spanischen *cara* (Gesicht).

Die dekorativen Masken mit ihren freundlich lächelnden Gesichtern nehmen sich den Karneval von Rio zum Vorbild und werden jedes Jahr farbenprächtiger.

Außer der großen **Parade der lächelnden Masken** gibt es auf dem Festival noch:

- **spektakuläre Straßentanz-Wettbewerbe** in zwei Kategorien: für Schulen und für ***barangays*** (die Viertel auf den Philippinen), die der Höhepunkt des Wettbewerbs sind
- den Wettbewerb um die schönste **MassKara-Königin**
- Wettbewerbe im **Kokosmilchtrinken, Schweinefangen** und **Stangenklettern**
- **kulinarische** Events, **Sportereignisse**, **Musikkonzerte** und **landwirtschaftliche Handelsmessen**
- Wettbewerbe für **Maskenherstellung**

Kanamara Matsuri
Fest des Penis

Kawasaki, Japan
1. Sonntag im April

Der Ursprung des Festes datiert aus dem 17. Jahrhundert als Feier für sexuelle Gesundheit und Fruchtbarkeit.

Eine alte Legende besagt, dass der **Kanayama-Shintoschrein einem Schmied gewidmet sei.** Er schmiedete einen stählernen Dildo, um die Zähne einer *vagina dentata* (bezahnte Vagina) zu brechen, die zuvor zwei Männer in ihrer Hochzeitsnacht kastriert hatte.

Die *vagina dentata* gilt als Metapher für Syphilis. Um sich vor der Krankheit zu schützen, suchten Prostituierte diesen Schrein bereits in der Edo-Zeit (1603–1868) auf.

Auch heute wird er noch von Prostituierten besucht, die um Schutz beten.

In seiner jetzigen Form gibt es das Festival seit 1977. Es beginnt am Samstagabend, wenn alle gegrillte Reisspeisen in der Form von **Yin und Yang** essen. Yin steht für die weibliche Energie, Yang für die männliche.

Um 11 Uhr am Sonntag wird ein Freudenfeuer entzündet, es werden **Sardinen gereicht und Sake** ausgeschenkt.

Mittags zieht eine Parade durch die Stadt, riesige Phallusse werden in Sänften ***(mikoshi)*** getragen und verehrt. Dieser **rosa Penis** wurde von der **Drag Queen Bar Elizabeth Kaikan** in Tokio gespendet. Einzig Dragqueens dürfen den speziellen *mikoshi* tragen.

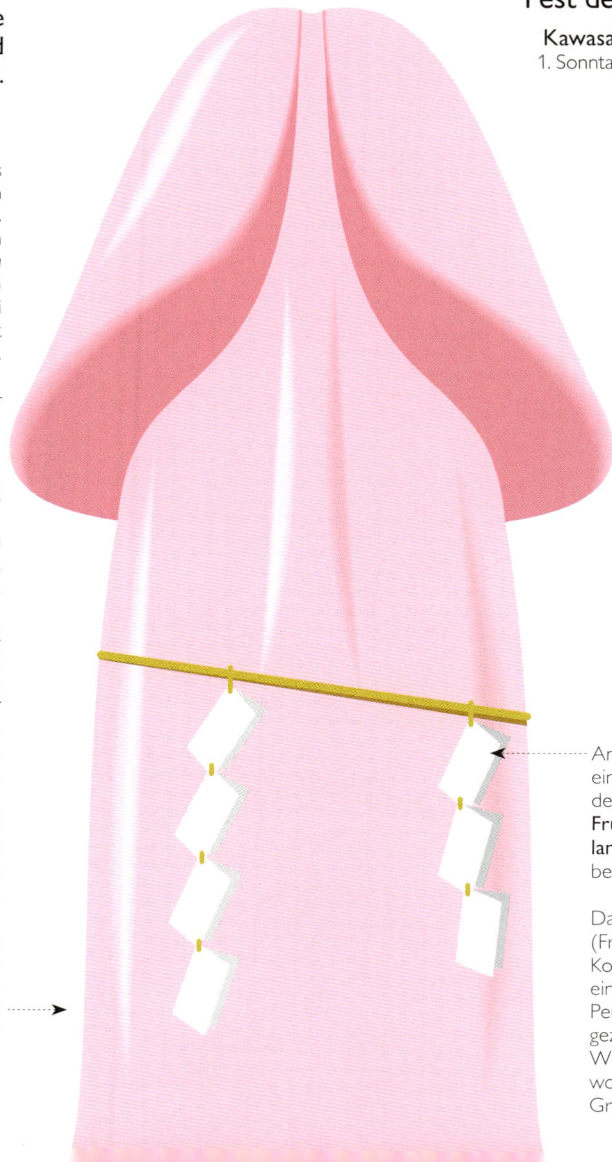

An den Skulpturen werden einzelne Nachrichten mit der Bitte um **Gesundheit, Fruchtbarkeit und eine lange, glückliche Liebe** befestigt.

Das Hōnen Matsury (Fruchtbarkeitsfest) in Komaki nahe Nagoya hat einen **noch größeren** Penis. Er ist 4,6 m, der hier gezeigte etwa 3,6 m lang. Wie so oft, geht es wohl darum, wer den Größten hat.

Teil des Festes ist ein anatomisch korrekter **Schnitzwettbewerb mit Rettichen.**

Beim **Noche de Rábanos** (S. 32) finden Sie mehr zum Thema Rübenschnitzen.

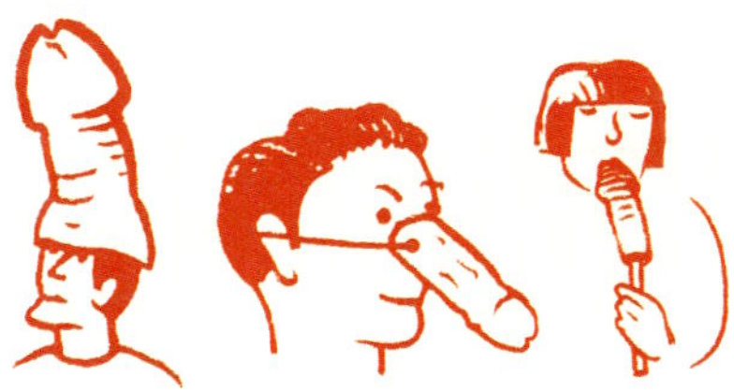

Einige Feiernde tragen Phallushüte, -masken und -nasen, viele genießen phallische Lutscher.

Die Erlöse kommen der **HIV-Forschung** zugute.

Nakizumo-Festival

Schrei, Baby, schrei

Tokio, Japan
4. Sonntag im April

Dieser Schreiwettbewerb für Babys findet am japanischen Tag des Kindes im buddhistischen Sonsoji-Tempel statt.

Zwei Sumoringer stehen sich gegenüber, halten je ein Baby auf dem Arm und versuchen, es mit Grimassen und sanftem Rütteln zum Weinen zu bringen.

Offenbar geben **viele Eltern ihre Babys tatsächlich gerne an die Sumotori** (Sumoringer in der Ausbildung). Man reißt sich um die Teilnahme. (Nur 100 schaffen es.)

Alle Kleinkinder sind jünger als ein Jahr.

Es gewinnt der Sumoringer, dessen Baby zuerst weint oder schreit. (Weinen beide Babys zugleich, gewinnt der mit dem lautesten.)

Nakizumo (wörtlich: weinender Sumo) ist eine 400 Jahre alte Tradition, doch in der Moderne wird sie erst seit 1991 wieder gepflegt.

Die Vorstellung, es sei gut und nicht schrecklich grausam, ein Baby zum Heulen zu bringen, basiert auf der japanischen Weisheit *naku ko wa sodatsu*, was so viel bedeutet wie: **Schreiende Babys wachsen schneller.** Außerdem verjagt das laute Weinen die Dämonen und sorgt so dafür, dass die Kinder gesund aufwachsen.

Ein Priester oder Gyoji **fungiert als Schiedsrichter.** Er schimpft laut und fuchelt vor den Babys herum – alles, damit sie lauter schreien. Gelingt es dem Sumotori nicht, das Baby zum Weinen zu bringen, setzt der Priester eine Teufelsmaske auf, ein Trick, der fast immer funktioniert.

Onbashira
Fest des heiligen Baumstamms

Suwa-See,
Region
Nagano, Japan
alle sechs Jahre
im April und Mai*

Das Onbashira-Fest wird seit 1.200 Jahren gefeiert und besteht aus zwei Teilen:

1. Yamadashi: Riesige Stämme werden gefällt und nach Suwa transportiert.

2. Satobiki: Die Stämme werden an den Schreinen aufgestellt.

*In Japan sagt man, Onbashira finde alle sieben Jahre statt, da das laufende Jahr mitgezählt wird.

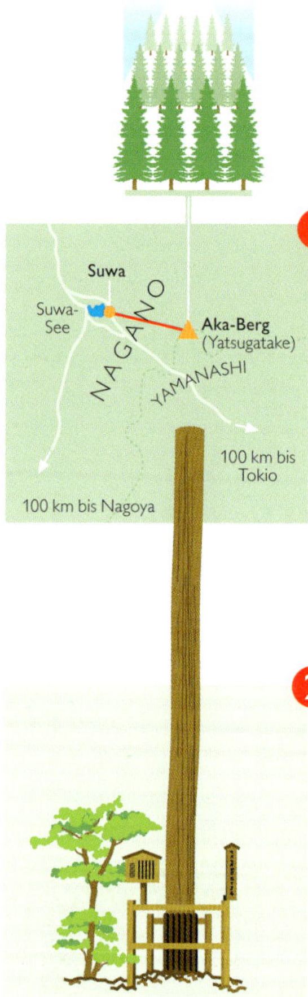

Bewohner von Suwa sitzen auf den Stämmen, während sie von Einheimischen auf den Gipfel gezogen werden. Oben angekommen, kippen sie über die Bergspitze und rutschen den Hang hinab.

1 YAMADASHI (im April)
16 ca. 200-jährige Tannen werden am Berg Aka (höchster Punkt des Bergmassivs Yatsugatake) gefällt und etwa 20 km nach **Suwa** transportiert.

Auf diesem dreitägigen Weg müssen die Stämme einen **besonders steilen Hang** überwinden.

2 SATOBIKI (im Mai)
Die 16 Stämme werden in einer feierlichen Parade durch die Straßen von Suwa getragen und in einer Zeremonie an den Ecken der **vier Shintoschreine** platziert, um dort die Stämme des vorigen Onbashira zu ersetzen.

Die jungen Männer, die beim Yamadashi auf den Bäumen den Hang herabrasen (oder aber herunterfallen), klammern sich an den Stämmen fest, während sie schließlich aufgerichtet werden. Bei früheren Festen führte dies bereits zu tödlichen Unfällen.

Neben dem Baumstammreiten und den religiösen Aspekten der zweimonatigen **Onbashira-Feierlichkeiten** werden auch traditionelle Tänze und Trommelmusik aufgeführt. Tausende Touristen wohnen dem Event als Zuschauer bei.

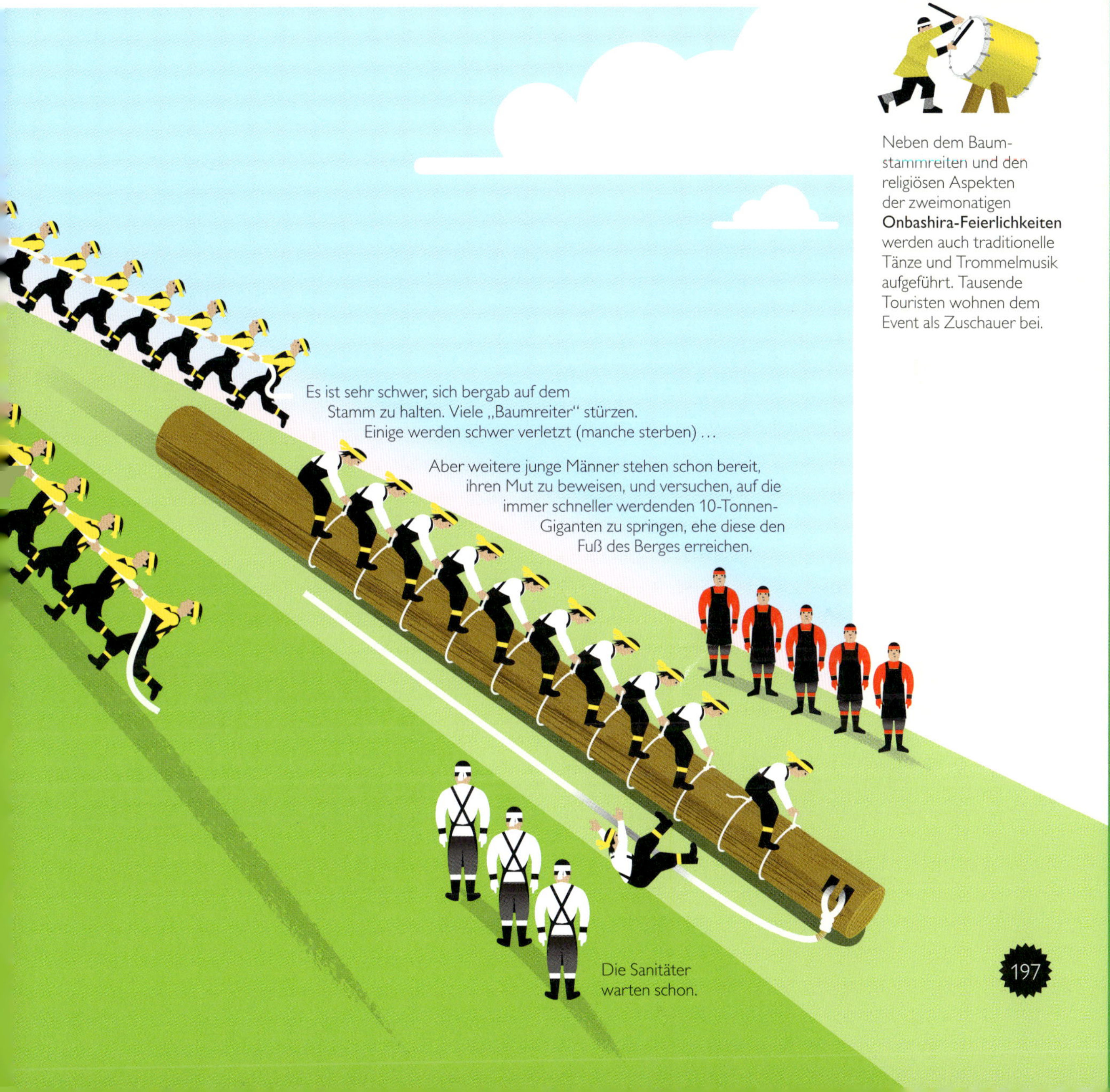

Es ist sehr schwer, sich bergab auf dem Stamm zu halten. Viele „Baumreiter" stürzen. Einige werden schwer verletzt (manche sterben) …

Aber weitere junge Männer stehen schon bereit, ihren Mut zu beweisen, und versuchen, auf die immer schneller werdenden 10-Tonnen-Giganten zu springen, ehe diese den Fuß des Berges erreichen.

Die Sanitäter warten schon.

Isu-1* Grand Prix

Bürostuhlrennen

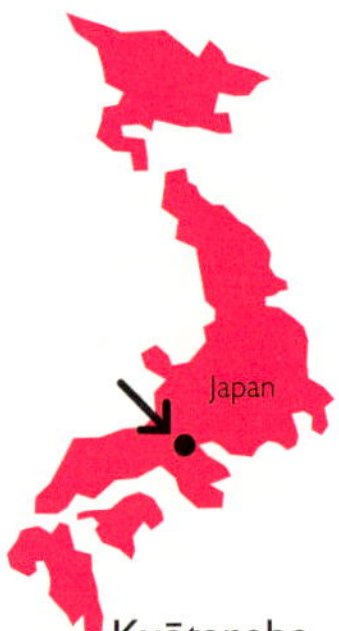

Kyōtanabe, Kyoto, Japan
März

Dieser Grand Prix begann 2010 als Marketingevent einer Einkaufspassage. Seither sind Bürostuhlrennen in vielen Gegenden Japans sehr populär.

**isu* = Stuhl

Erster Preis sind
90 kg Langkornreis.

Einige Jahre lang gab es in **Bad König** einen Vorläufer des japanischen Events. Bei dieser Version traten zwei Rennfahrer auf einer 170-m-Strecke mit Gefälle und Hindernissen gegeneinander an und erreichten bis zu 35 km/h.

Anders als in Japan durften **die Fahrzeuge modifiziert** werden (motorische Hilfe war allerdings tabu). Somit waren manche Bürostühle kaum noch als solche erkennbar. Die schnellsten Teilnehmer lagen oft bäuchlings auf ihren umgebauten Vehikeln. Preise wurden für **das beste Kostüm** und **die schnellste Zeit** vergeben.

Man darf **vorwärts-** oder **rückwärtsfahren** oder beides kombinieren und sich dann beim Fahren drehen.

Saidai-ji Eyo Hadaka Matsuri

Fest der nackten Männer

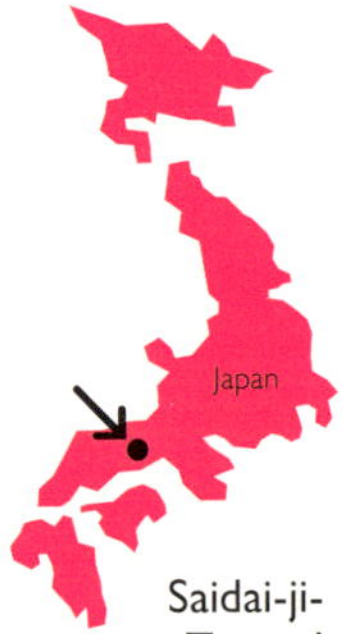

Saidai-ji-Tempel
Okayama, Japan
Februar

Dieses 500 Jahre alte Fest findet an vielen Orten in Japan statt. Das berühmteste feiert man in Okayama. Meist ist es recht kalt, was es noch eigenartiger macht.

9.000 Männer, nur mit dem traditionellen Lendenschurz bekleidet, kämpfen darum, einen der **Glücksstöcke** zu fangen, die ein Priester aus einem hoch über ihnen liegenden Fenster wirft.

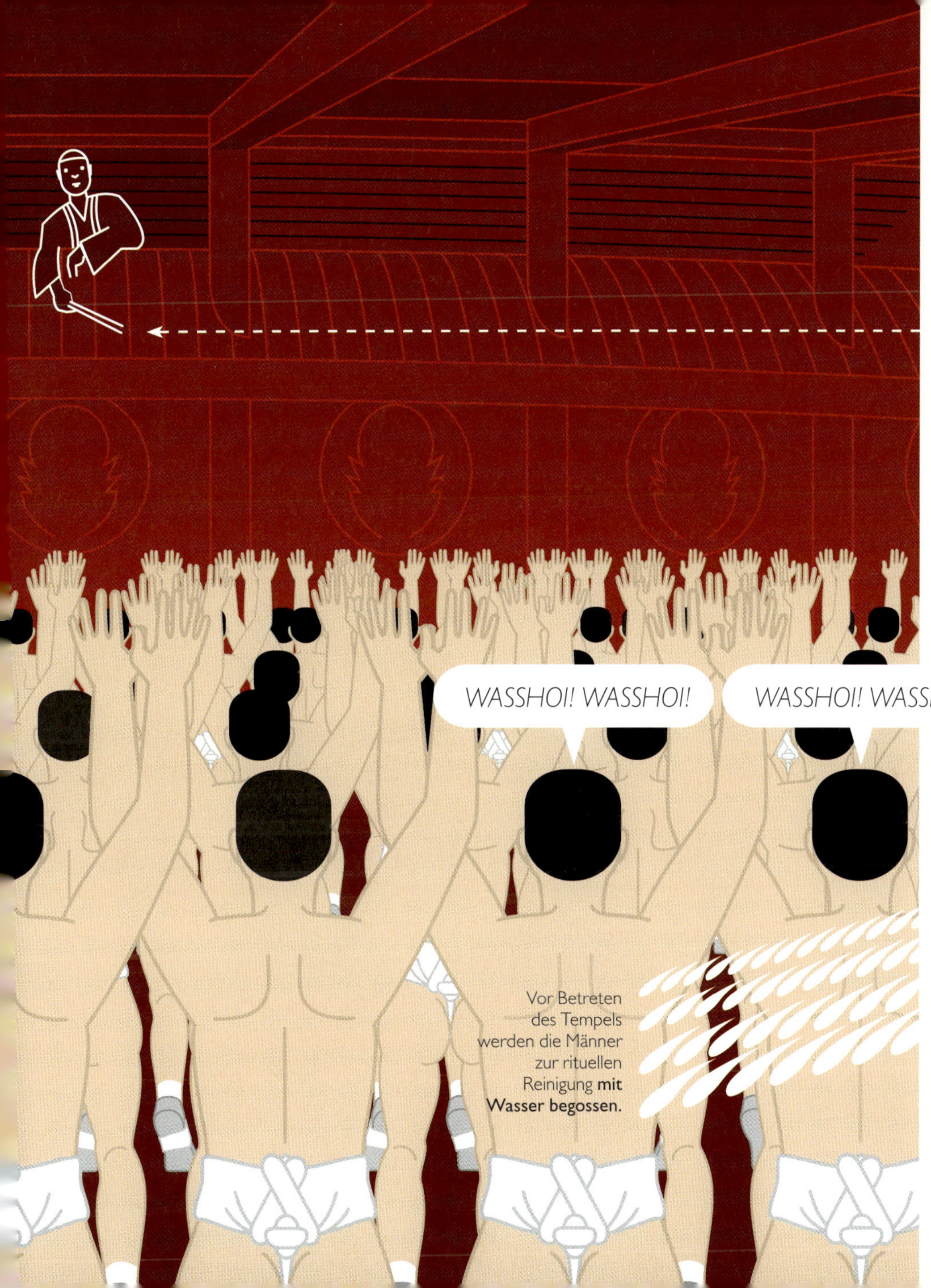

Die **heiligen Stöcke** *(shingi)* haben einen Durchmesser von 4 cm und sind 20 cm lang.

Wer einen *shingi* ergattert, darf der Überlieferung zufolge mit einem **Jahr voller Glück** rechnen.

Vorbild für dieses Fest ist die Tradition, Talismane aus Papier an angehende Priester zu verteilen. Da die Glücksbringer aber leicht zerreißen, wenn ein Pulk darum kämpft, sind sie heute aus Holz.

Außerdem kämpft die Menge leidenschaftlicher als damals. Wer einen Stock fängt, dem wird er wahrscheinlich gleich wieder entrissen.

Bevor die Stöcke geworfen werden, singen die Männer diesen beliebten japanischen Festgesang und drücken damit ihren Wunsch nach friedlicher Zusammenarbeit aus, um gemeinsame Ziele zu erreichen.

Der Lendenschurz wird hinten verknotet, aber vorne hat er einen Überschlag. Zum Glück!

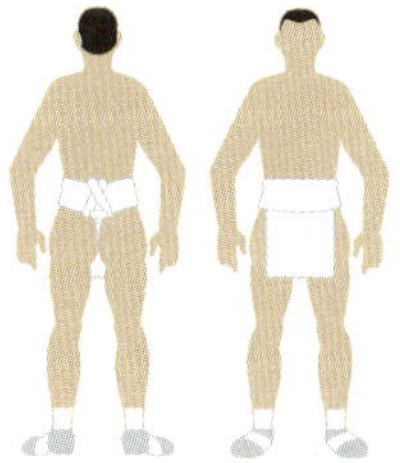

Kumo Gassen
Kämpfende Spinnen

Kajiki (Stadtteil von Aira), Japan
Juni

Japanische Spinnenkämpfe gibt es seit Ende des 16. Jahrhunderts. 1991 legte die Gesellschaft zur Bewahrung der Spinnenkämpfe ein Regelwerk vor. Kumo Gassen ist heute der berühmteste Wettbewerb seiner Art. Von 200 teilnehmenden Spinnen stehen sich schließlich die zwei besten im Finale gegenüber.

1. Der Schiedsrichter setzt **eine Spinne** *(kamae)* ans Ende eines dünnen horizontalen Stabes.

2. Dann legt er seine Hand auf die Mitte des Stabes, bevor er die **gegnerische Spinne** *(shikake)* …

4. Die Spinnen **gehen aufeinander los.**

5. Es gibt **drei Möglichkeiten** für eine Spinne **zu gewinnen.**

- Durch einen **Biss** in den Unterleib des Rivalen.

Der Richter beendet den Kampf, wenn es zu blutig wird.

- Durch **Einspinnen** des gegnerischen Unterleibs.

- Durch **Zerschneiden** des Fadens des Gegners, wenn dieser versucht zu entkommen.

- **Die meisten Kämpfe dauern etwa 10 sek.** Der Gewinner kommt in die nächste Runde.

(Ups, macht nichts, die Spinne landet auf einer gepolsterten Fläche.)

3 aufs andere Ende des Stabes setzt. **Sobald er die Hand wegnimmt, beginnt der Kampf.**

Der Kampfstab aus Bambus ist 60 cm lang.

shikake

Spinnenkämpfe werden in vielen asiatischen Ländern durchgeführt, z.B. in Korea, Malaysia, Singapur, Thailand und auf den Philippinen. Dort bringt man es mit Spielsucht in Verbindung und damit, dass Kinder in der Schule schlechte Noten bekommen. (In Kajiki sind Wetten nicht erlaubt.)

Die Spinnen die bei Kumo Gassen antreten, gehören der **Gattung *Argiope*** an. Alle haben gelbe Streifen auf dem Unterleib, und **alle sind weiblich.** In Kajiki züchtet man die Spinnen als Kämpfer und gibt ihnen den Spitznamen Samurai-spinnen. Die Einheimischen erlauben ihnen, überall im Haus ihre Netze zu spinnen. (Eine echte Herausforderung, falls man es zu Hause besonders reinlich liebt.)

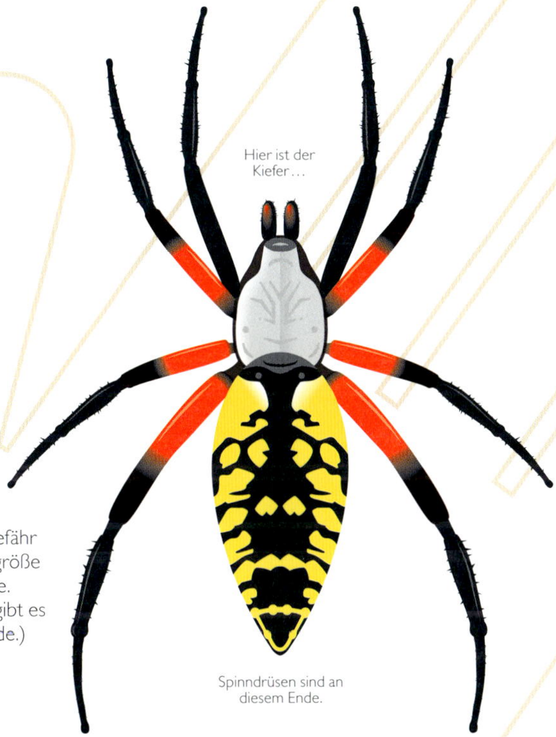

Das ist ungefähr die Lebensgröße einer Spinne. (Natürlich gibt es Unterschiede.)

Bei einem separaten Wettkampf am Morgen nehmen die Spinnen an einem **Schönheitswettbewerb** teil. Hier werden sie nach Farbe, Musterung und den Proportionen des Körpers beurteilt.

Bierdosen-regatta

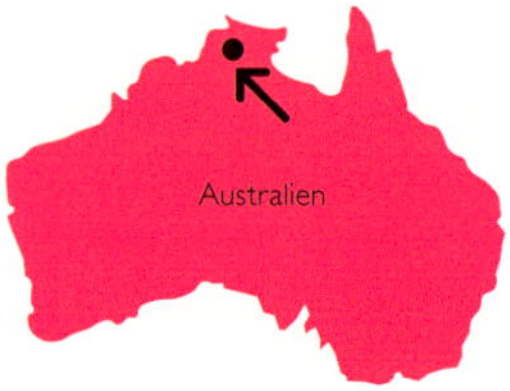

Mindil Beach,
Darwin, Australien
Juni

Zu Beginn, im Jahr 1974, nahmen 60 Boote teil. Damals noch ein echtes Rennen mit Außenbordmotoren, die an die Flöße und Boote aus Dosen montiert waren, gewinnt heute das Boot, das sich am längsten über Wasser halten kann.

1978 wurde die Organisation der Regatta an den Darwin Lions Club übergeben, der sich seitdem um alles kümmert.

Besonders lustig wird es, **wenn die Boote im Wasser auseinanderfallen.** Ein wichtiger Tipp für Bootsbauer: Alle Löcher mit Klebeband verschließen!

In den 1980ern begannen Bierbrauer, ihre Dosen aus **Aluminium statt Stahl** herzustellen. Leider hielten die neuen, weicheren Aludosen das Tempo der Außenbordmotoren nicht aus. Heute werden alle Boote **von Hand betrieben.**

Auszeichnungen werden vergeben für:

- **Bestes Boot aus Softdrinkdosen**
- **Bestes Boot aus Bierdosen**
- **Beste Erfindung**

(und für alle Rennen und andere Veranstaltungen)

DIE REGELN
Es gelten die **„10 Ge-Boote“.**
Dazu gehört:

- Du mögest im richtigen Geist mitmachen.
- Du mögest die „Boote“ nur aus recycelten Dosen (oder Milchkartons oder Plastikflaschen) bauen.
- Dein „Boot“ möge nur durch Dosen schwimmen.
- Du mögest nicht ertrinken.

Andere Wettkämpfe während der Regatta:

- **Latschenwerfen** für Männer und Frauen
- **Tauziehen** für Männer und Frauen
- **Sandburgenbauen** für Kinder
- **Kajakrennen** für Kinder
- Iron Man und **Iron Women**
- **Die Schlacht von Mindil** eine Art Unterwasser-schatzsuche
- **Henley on Mindil** ein Rennen für nicht seetüchtige Schiffe

(Man trägt ein „Boot“ und rennt wie verrückt den Strand entlang.)

Australia-Day-Kakerlakenrennen

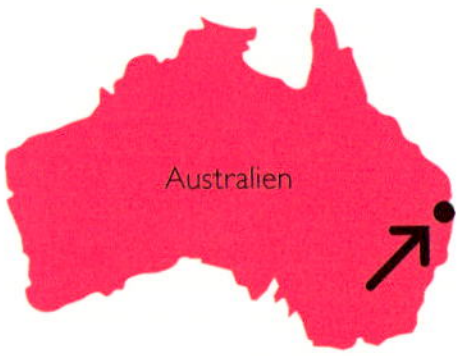

Brisbane, Australien
26. Januar

Die Idee zu diesem Kakerlakenrennen entstand 1982 auf dem Parkplatz des Story Bridge Hotel in Brisbane im Anschluss an eine feuchtfröhliche Diskussion darüber, wer die schnellsten Kakerlaken hat.

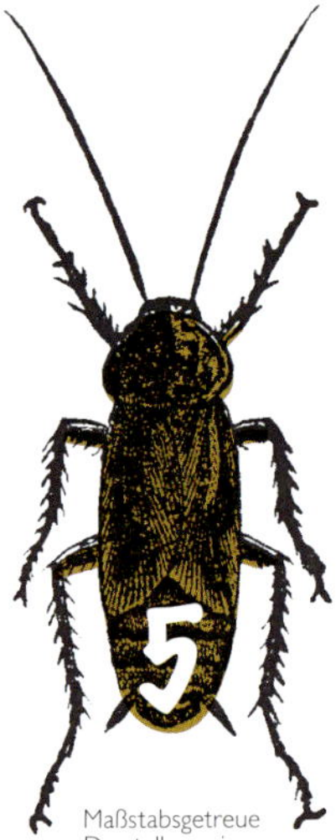

Maßstabsgetreue Darstellung einer ausgewachsenen Kakerlake durchschnittlicher Größe. Lebensdauer: bis zu 2 Jahren.

Die **Kakerlaken** *(cockies)* erhalten vor jedem Rennen eine Zahl auf den Rücken (gar nicht so nicht einfach). Die Teilnehmer können eigene Tiere mitbringen oder am Tag des Rennens welche für 5 Australische Dollar kaufen. Derselbe Preis wird als Startgebühr verlangt. Insgesamt finden 13 Rennen statt. Alle Erlöse gehen an wohltätige Zwecke.

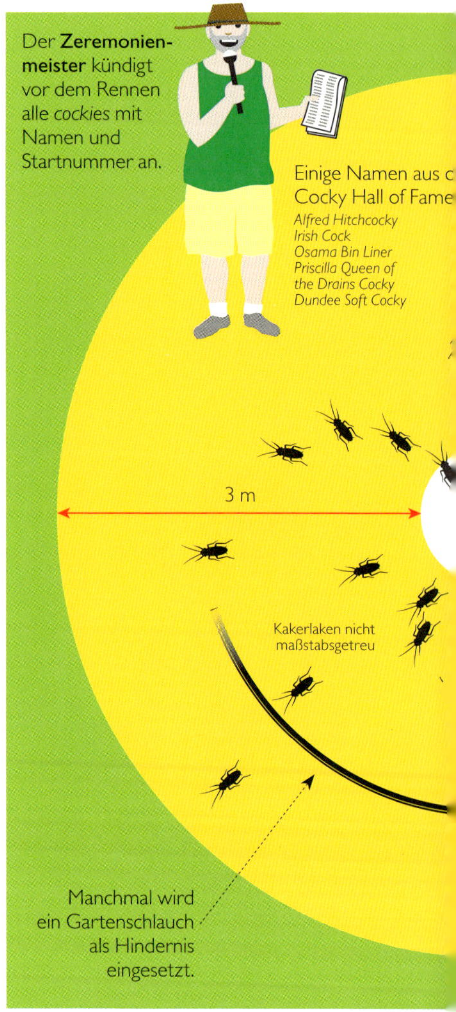

Die Rennen sind bereits nach wenigen Sekunden vorüber, weil Kakerlaken 50 Körperlängen pro Sekunde zurücklegen. Entsprechend müsste ein Sprinter mit 322 km/h laufen und 100 m in einer Sekunde zurücklegen.

Würden ein **Weltklassesprinter und eine Kakerlake** gleicher Größe in einem 100-Meter-Rennen gegeneinander antreten, wäre in dem Moment, in dem die Kakerlake die Ziellinie erreicht, der Sprinter gerade einmal 10,5 m weit gekommen.

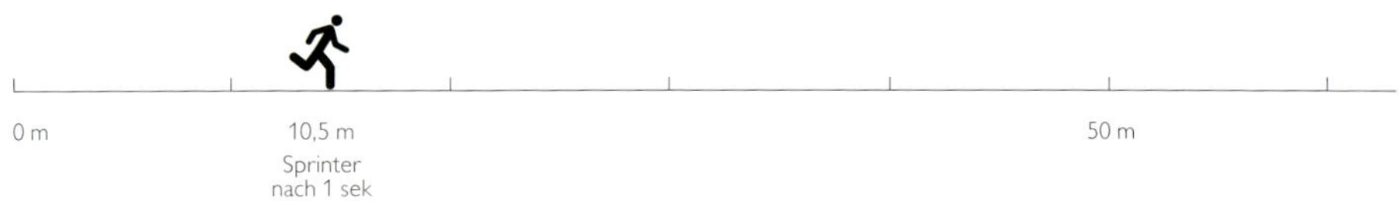

Die **offiziellen Regeln** besagen, dass 100.000.000 AUD Strafe zahlen muss, wer als Zuschauer den gelben Olde-Canvasse-Ring betritt.

Obwohl die Rennen in Brisbane am Australia Day als **die einzig wahren Rennen** gelten, werden auch andernorts im Land oder den USA Rennen durchgeführt.

Das **Rennen beginnt,** wenn die bis zu 40 Kakerlaken in der Mitte der Arena freigelassen werden. Wer zuerst den Rand erreicht, gewinnt.

Vier Stewards bestimmen die Gewinner sowie den 2. und 3. Platz. Ihr Urteil kann nicht angefochten werden.

Trommler und Dudelsackspieler umkreisen die Arena vor jedem Rennen (und spielen meist „Waltzing Matilda").

Der Band folgt ein Steward, in einem **Glasgefäß trägt er die Wettkämpfer.**

Weltmeisterschaft im Thunfisch-weitwurf-

Port Lincoln, Australien
26. Januar
(Australia Day)

1979 suchten die Organisatoren von Tunarama, einem jährlich stattfindenden Festival der australischen Fischbranche, etwas Besonderes, um ihre Feier aufzupeppen.

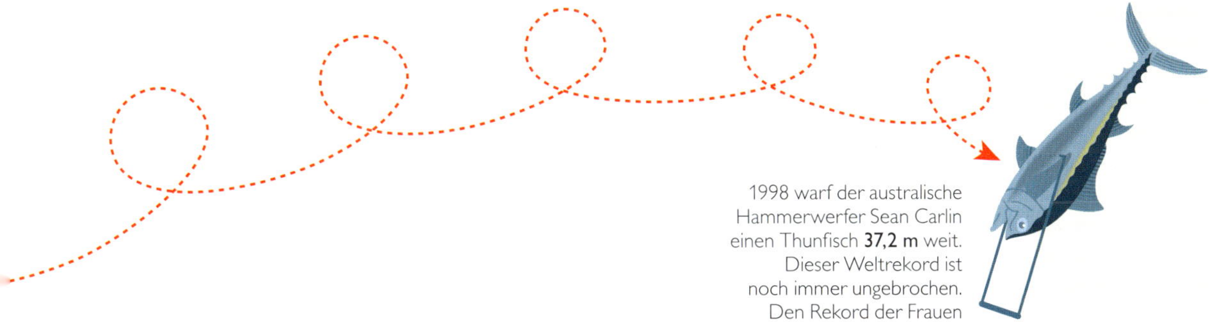

1998 warf der australische Hammerwerfer Sean Carlin einen Thunfisch **37,2 m** weit. Dieser Weltrekord ist noch immer ungebrochen. Den Rekord der Frauen hält Brooke Krueger (ebenfalls Hammerwerferin). 2002 warf sie einen Thunfisch 21,3 m weit.

Gleiche Bedingungen durch gleiches Gewicht
Um sicherzustellen, dass alle unter identischen Bedingungen antreten, wurde in den ersten Runden das echte Tier nach und nach durch 9 kg schwere **Gummifische** ersetzt. Doch beim **Finale** wird immer noch mit **echten (aber toten*) Thunfischen geworfen**.

*Siehe auch die **Rattenschlacht** (S. 114), bei der in Spanien mit toten Ratten geworfen wird. Scheinbar ist es vielerorts auf der Welt sehr populär, mit Sachen um sich zu werfen, z.B. bei **La Tomatina** (auch in Spanien, S. 112) und beim finnischen **Handywerfen** (S. 140).

Golden Shears
Schafscheren und Wollklassifizierung

Masterton, Neuseeland
März

Der erste Golden-Shears-Schafschur-Wettbewerb fand 1961 statt. Damals beschränkte er sich auf Neuseeland. Erst 1980 entwickelte sich daraus die Weltmeisterschaft. Die Klassifizierung und das Pressen der Wolle kamen 1996 hinzu.

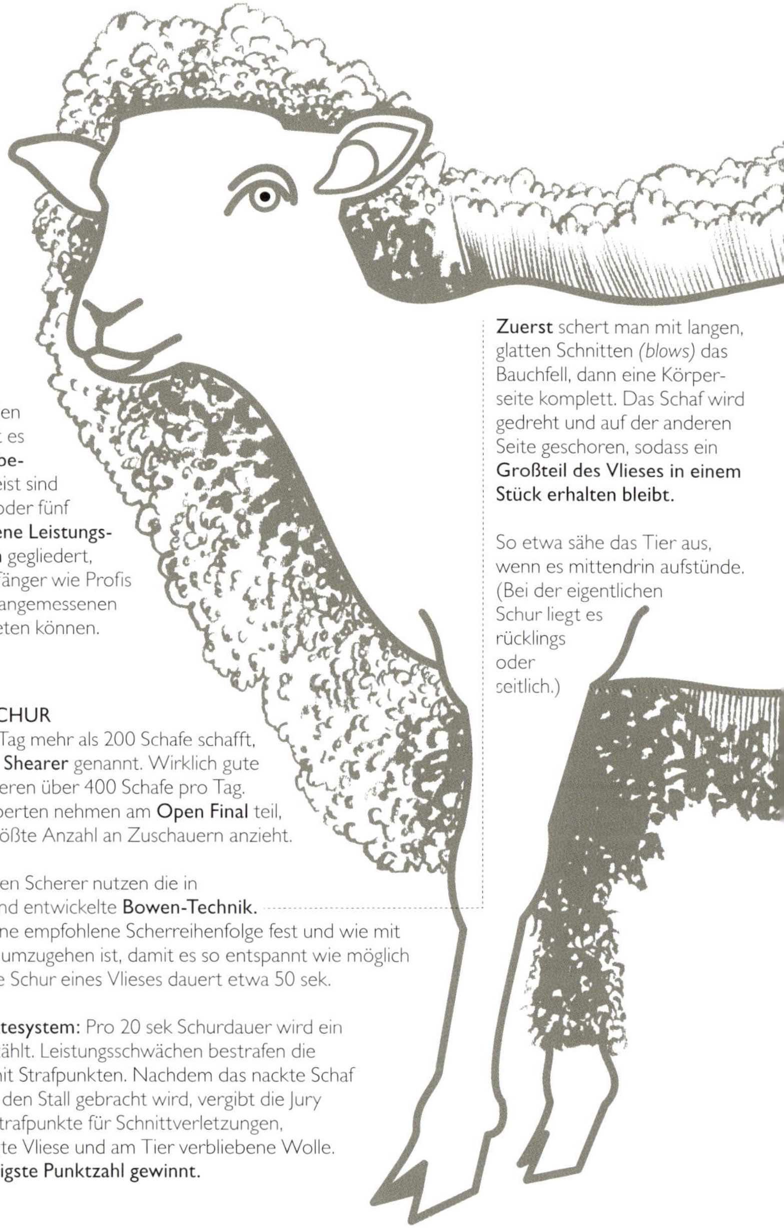

Beim Golden Shears gibt es **drei Wettbewerbe.** Meist sind sie in vier oder fünf **verschiedene Leistungskategorien** gegliedert, sodass Anfänger wie Profis auf einem angemessenen Level antreten können.

Zuerst schert man mit langen, glatten Schnitten *(blows)* das Bauchfell, dann eine Körperseite komplett. Das Schaf wird gedreht und auf der anderen Seite geschoren, sodass ein **Großteil des Vlieses in einem Stück erhalten bleibt.**

So etwa sähe das Tier aus, wenn es mittendrin aufstünde. (Bei der eigentlichen Schur liegt es rücklings oder seitlich.)

1 SCHAFSCHUR

Wer pro Tag mehr als 200 Schafe schafft, wird **Gun Shearer** genannt. Wirklich gute Leute scheren über 400 Schafe pro Tag. Diese Experten nehmen am **Open Final** teil, das die größte Anzahl an Zuschauern anzieht.

Die meisten Scherer nutzen die in Neuseeland entwickelte **Bowen-Technik.** Sie legt eine empfohlene Scherreihenfolge fest und wie mit dem Tier umzugehen ist, damit es so entspannt wie möglich bleibt. Die Schur eines Vlieses dauert etwa 50 sek.

Das Punktesystem: Pro 20 sek Schurdauer wird ein Punkt gezählt. Leistungsschwächen bestrafen die Juroren mit Strafpunkten. Nachdem das nackte Schaf wieder in den Stall gebracht wird, vergibt die Jury weitere Strafpunkte für Schnittverletzungen, beschädigte Vliese und am Tier verbliebene Wolle. **Die niedrigste Punktzahl gewinnt.**

2 KLASSIFIZIERUNG

Im Anschluss soll die Wolle zweier Schafe möglichst schnell in **verschiedene Güteklassen** eingeteilt werden. Das übernehmen Woll-*handler,* häufig sind das Frauen. Sie werfen das Vlies auf einen Lattenholztisch und picken die mangelhaften Teile heraus. (Die kleinen Stücke, die durch die Latten auf den Boden fallen, nimmt man für die Hüllen von Tennisbällen.) **Die Vliese werden zusammengelegt** und zum Pressen in Taschen gestopft.

Alle fünf Sekunden wird ein Punkt gezählt. Für minderwertige Wolle, die den Verkaufswert des Vlieses senkt, gibt es Strafpunkte.

Dies sind die traditionellen **Scheren** für die Schafschur.

Sie werden immer noch dort eingesetzt, wo man langsame und traditionelle Methoden schätzt (oder wo es keinen Strom gibt).

3 WOLLPRESSUNG

Dabei presst man die Wolle zum Transport in **Ballen.**

Zuerst wird die Wolle in zwei Container gepackt, die „obere" und „untere" Box. Letztere ist mit Leinwand ausgekleidet. Die obere Box ist auf der unteren befestigt und wird mit Wolle befüllt. Dann wird die Wolle über eine Presse in der unteren Box komprimiert.

Schließlich wird oben über die Wolle eine Leinwandhülle gefaltet und fixiert und der Wollballen aus der Presse genommen.

Bei diesem Wettbewerb geht es hauptsächlich um **Tempo.** Ein erfahrener Wollpacker benötigt etwa 9 min, um einen 110 kg schweren Wollballen zu produzieren.

Das beim Golden-Shears-Wettbewerb verwendete **Schergerät** ist die aufgemotzte Version eines handelsüblichen Elektrorasierers.

Für das Dorf Tansip ist das Sprungritual eng mit der Yamsernte verknüpft: Gute Sprünge sichern gute Ernten.

Naghol-Festival der Lianenspringer

Tansip, Pentecost Island, Vanuatu
die Wochenenden zwischen April und Juni

Man erzählt, **eine Frau habe sich sehr** über die sexuellen Bedürfnisse ihres Mannes **geärgert.** Sie rannte in den Dschungel und stieg auf einen Baum. Der Mann kletterte hinterher. **Sie band *lianas* (Lianen) an ihre Knöchel,** sprang vom Baum und überlebte.

Ihr Mann sprang auch, hatte sich aber nicht mit Lianen gesichert und stürzte in den Tod.

Heute wiederholen die Männer diesen Sprung, sind aber an Lianen festgebunden. Die meisten überleben.*

Männer springen von den oberen Plattformen. **Jungen** springen tiefer ab, aber erst nach ihrem Beschneidungsfest (mit etwa acht Jahren).

Die Lianen müssen biegsam und voller Saft sein, damit sie stark genug sind, die Springer zu halten. **Die Dorfältesten wählen geeignete** aus und sind auch für die richtige Länge verantwortlich, die dann (ohne mechanische Berechnungen) zum **Gewicht des Springers passen muss.** Sind die gewählten Lianen zu lang, trifft der Springer auf den Boden. Sind sie zu kurz, schwingt er vielleicht zurück und prallt gegen den Turm.

Um ihre Männlichkeit zu beweisen, tragen die Männer nur ein Penisfutteral. Die Frauen feuern sie von unten an und tragen traditionelle Grasröcke.

Der **Turm** wird während der Yamsernte in der Trockenzeit gebaut, weil die **Lianen** zu dieser Zeit am elastischsten sind.

Für den Turm wird extra Holz geschlagen, und der Bau dauert etwa einen Monat. Damit der Landebereich weich wird, säubern die Männer ihn, entfernen Steine und graben die Erde um.

Beim Sprung stürzen die Männer mit einer Geschwindigkeit von bis zu 72 km/h zu Boden.

Die besten Springer ziehen ihren Kopf an die Brust, lancen bodennah und berühren diesen nur mit den Schultern. Je höher der Absprung liegt, desto reicher wird die Yamsernte.

1995 begannen die Pentecost-Insulaner, von Bungeesprung-Anbietern Lizenzgebühren zu fordern.

*Seit 1974 gab es **nur einen Todesfall.** Damals wünschte **Königin Elisabeth II.** während ihres Besuchs einen solchen Sprung zu sehen. Der Mann trug beim Springen einen Glücksbringer. Kein anderer Springer hat je wieder einen Talisman getragen.

Danke

Die Idee zu diesem Buch stellte mein Freund **Julius Wiedemann** seinem Chef **Benedikt Taschen** vor, und der stimmte zu meiner Überraschung zu. Vielen Dank, *thank you, obrigado,* Julius, für Deine Ermutigung und Unterstützung und dafür, dass Du geduldig bliebst, auch wenn ich mal ungeduldig war.

Julius ist der Herausgeber, doch meine persönliche Lektorin war meine duldsame Frau **Erin:** Du standest immer mit konstruktivem Feedback parat, hast Ideen zurückgeholt, wenn sie mal aus dem Ruder liefen, und zum Feierabend Martinis gemixt, von denen man als Gintrinker nur träumen kann. (Dank gebührt auch Hendricks, Uncle Val's und Bombay Sapphire. Wenn ihr diese Werbung seht, dürft ihr gerne meine Ginvorräte aufstocken. Oder schickt mir einfach Geld.)

Mein aufrichtiger Dank gilt **Nora Dohrmann** und **Stefan Klatte** vom TASCHEN Verlag, die all meine Dateien hervorragend verwaltet haben. Während Nora die vielen verschiedenen Aufgaben koordinierte, konvertierte Stefan, der stille Held des Projekts, alles von Freehand MX zu Adobe Illustrator (lange Geschichte). Hoffentlich wird Freehand eines Tages als das weltbeste intuitive, vektorbasierte Illustrationstool gewürdigt und dann auch wieder komplett und angemessen weiterentwickelt.

Chris Mizsak und **Gill Paul** sammelten Informationen und prüften alles peinlich genau, von Rechtschreibung über Grammatik bis hin zur Aktualität von Websites. Dann sorgten **Jürgen Dubau, Anja Lenze** und **Maike Specht** dafür, dass alles auch auf Deutsch Sinn macht. Um die französische Ausgabe kümmerte sich das Team von **Delivering iBooks & Design.** *Thank you very much, danke schön, merci beaucoup!*

Ich danke auch Dir, **Rowland,** für Deine unschätzbare und stets verfügbare technische Hilfe. Du hast mir gezeigt, dass mein Computer kein Feind ist und dass plötzlich auftretende Probleme lösbar sind, wenn man besonnen Deinen Anweisungen aus dem fernen Italien folgt, um diese nervige, aber wundervolle Maschine wieder zum Laufen zu bringen. (Natürlich bin ich Dir auch noch für viel mehr dankbar!) Eine dicke, liebevolle Umarmung für meinen Sohn.

Viele meiner Freunde haben mir von ihren verrückten Lieblingsevents berichtet. Speziell **Frank Halloran** bestand darauf, dass ich mir einiges aus Spanien genauer anschauen sollte. Seine andauernde Begeisterung hielt mich gleich von Projektbeginn an aufrecht. *Muchas gracias,* Frank.

An alle, die mich zum Essen eingeladen haben, mich irgendwohin mitnehmen oder mit mir feiern wollten – und deren Einladungen ich (hoffentlich höflich) leider ablehnen musste –, bitte verzeiht mir. Den Grund haltet Ihr nun in Händen.

Biografie

Abschließend noch ein paar Worte zu meiner Person. Ich bin **britisch-amerikanischer Grafikdesigner,** arbeitete **16 Jahre lang für das Magazin *Time*** und war dort zuletzt als Graphics Director verantwortlich für sämtliche Grafiken der Zeitschrift. Stets an vorderster Front in Sachen Informationsgrafik, habe ich u.a. für **Apple, Sony, *National Geographic*** und ***The New York Times*** gearbeitet. Ich habe **verschiedene Bücher** und Beiträge zu dem Thema veröffentlicht, **an der Stanford University gelehrt** und bei **TED-Konferenzen** Vorträge gehalten. Bei der Vermittlung von Inhalten ist **Humor mein wichtigstes Werkzeug,** und ich trage stets blaue Kleidung.

Impressum

TASCHEN ARBEITET KLIMANEUTRAL. Unseren jährlichen Ausstoß an Kohlenstoffdioxid kompensieren wir mit Emissionszertifikaten des Instituto Terra, einem Regenwaldaufforstungsprogramm im brasilianischen Minas Gerais, gegründet von Lélia und Sebastião Salgado. Mehr über diese ökologische Partnerschaft erfahren Sie unter: www.taschen.com/zerocarbon
Inspiration: grenzenlos. CO_2-Bilanz: null.

Stets gut informiert sein: Fordern Sie bitte unser Magazin an unter www.taschen.com/magazine, folgen Sie uns auf Twitter, Instagram und Facebook oder schreiben Sie an contact@taschen.com.

Hohenzollernring 53, D-50672 Köln
www.taschen.com

S. 34: mit Dank an todayifoundout.com und talklikeapirate.com
S. 57: Porträt von Anne Woods nach einem Foto von John Angerson/Rex
S. 156: Silhouette nach einem Foto von Eric Lafforgue

Herausgeber
Julius Wiedemann

Projektmanagement
Nora Dorhmann

Kollaboration
Daniel Siciliano Brêtas

Übersetzung
Jürgen Dubau

Produktion
Stefan Klatte

Printed in Italy
ISBN 978–3–8365–3909–8